〝この道40年〟
あるもので工夫する
松本流ケチ道生活

松本明子

アスコム

はじめに

私は自他ともに認める芸能界きっての〝ケチ〟です。
「もったいない」「まだ使える」と思って楽屋にあったお弁当の輪ゴムや新幹線のおしぼり、ホテルのアメニティなど、ついつい持って帰ってしまう……。そんな姿を見られてか、いつの間にか〝ケチ〟のイメージがついていきました。ケチ松と呼ばれていた頃もありました（兄から）。

子どもの頃から持っていた〝もったいない精神〟は年を重ねるにつれてパワーアップ。使い道がないと思われるものを見ても「まだ使える」「これで節約できる」ということで頭がいっぱいになり、いろんなアイデアがあふれてくる。これが本当に面白いんですよ。

私にとって、〝ケチ〟とはお金を節約するのはもちろんですが、毎日を楽しくするためのものだと思っています。私が実践している〝ケチ道〟は、ひとつのことにアイデアをプラスすることで無限の使い道が見えてくる……そういったものです。

たとえば着なくなった服、みなさんは、どうしていますか？　捨てたり、タンスの奥にしまったままという人も多いのではないでしょうか。

私も家の隅に置かれた着古したジーンズを見て、「なんとかしたい！」といつも思っていました。そんなあるとき思いついたのは、ジーンズを再利用したバックをつくること。

すぐに、はさみを取り出し、作業を開始。まずは腰回りが一直線になるように脚部分や股下をカットして全体的に四角くなるように整え、次はミシンで裏側から縫い、両角を縫い合わせてマチをつくるとボディは完成。あとは余った布などで持ち手をつくれば、オリジナルのデニムバッグの完成です。

このバックは、使い勝手がいいし、ジーンズのポケット周りを使っているのでデザイン性もバッチリ。私のお気に入りのバッグになりました。

このバック、友人にも見せたところ好評だったんですよ。こうしたバックづくりは節約になるだけでなく、日々を楽しくする新たな提案になります。つくり方を教えてあげればコミュニケーションツールにもなりますし、工夫してつくったバッグを写真に撮って残しておけば、使わなくなったあとでもいい思い出になります。

この他にも、伝線したストッキングだって、捨てずに股上をカットして脚部分に手を入れるとあったかインナーになってしまう。意外な使い道がたくさんあるんです。

そうやって工夫するのが楽しい！　もちろん生み出すまでは「うーん」と悩んだりしますが、それすら楽しい。いいアイデアが思いつけば、さらに楽しい。

私にとって〝ケチはエンターテインメント〟なんです。

私は今ほど〝ケチ〟が求められている時代は、ないと思っています。価格がどんどん上がりスーパーでの買い物もひと苦労、また光熱費がシャレにならない金額になったご家庭もあると聞いています。

家計のやりくりが大変な中、「節約しなきゃ」「生活のレベルを少し下げなきゃ」とため息をついている方も多いのではないでしょうか。けれど、「あれも買っちゃダメ、これも我慢しなきゃ」という暮らしは苦しくて、嫌になってしまいます。

そんな方にこそ、この本を読んで何か節約のヒントを見つけてくだされぱと思っています。〝ケチ道〟のために、私が普段から実践していることを〝ケチ活〟と呼んでいますが、そこで私が見たこと、聞いたこと、考えたこと……が詰まっています。意外なものから細かなものまで含めておよそ100の節約術が載っていますので、ぜひ参考にしてください。

「ケチ道」を通じて、節約術だけではなく、人生を楽しむヒントをたくさん知っていただけるとうれしいです。ぜひ、夢と希望が詰まっている〝ケチ〟を楽しんでください!

第2章 〝もったいない〟がひらめきのスイッチ 52

第5章 町を見渡せばお得とぶつかる

プロローグ

〝ケチ〟という言葉を聞いて、みなさんどういう印象を抱かれますか？　「心が狭い」「セコい」……などいろいろあると思いますが、あまりいい印象を持たれていないのではないでしょうか。でも、私はちょっと違うんです。

私にとって〝ケチ〟とは、「美学」とか「しまつがいい」というイメージ。〝再利用をして最後まで使い切る〟ようなプラスの印象があります。どちらかといえば世間のイメージとは真逆です。実は私、昔から〝ケチ〟という言葉に対する一般的なイメージとはちょっとズレを感じていました。

私は香川県高松市で育ったのですが、祖母も母も松本家は代々〝しまり屋〟でした。そもそも松本家は丸亀城に仕えた家老の血筋で、それなりにお金には困らない生活をしていたのですが、ものに対しては〝使い切る〟〝もったいない〟という精神は常に持っている家庭でした。

明治生まれだった祖母はお嬢様だったこともあり身なりはきちんとしている人でした。ただ、お金を使うところはきちんと出すけれどかなりの節約家で。たとえばティッシュペーパーを使うにしても1枚ずつ剥がして使ったり、余計な買い物は絶対にしなかったりと日々の生活はかなり節約していました。ただすべてにおいて節約しているのかといえばそうではなく。子どもたちは全員東京の大学に入れるなど、教育など必要なものはケチらない、そんな祖母でした。

祖母から由緒正しい節約マインドを見せられて育った母と私は、節約家であることを気づかないくらい、〝ケチ〟が身について育ちました。消しゴムをひとつ買うのに、これはどれだけ必要なのかを母親にプレゼンしなければならないくらい、きっちりした家庭でした。友達の中には、ノリで買い物をする子もいましたが、そのような感覚は昔から全くなかったです。

もちろん周りからは「アッコちゃんはケチだね」と言われ続けてきたのですが、不思議とそれがイヤではなく。だからこんな〝ケチ〟エリートを生んでしまったのですが（笑）、逆に褒められているのではないかと思うくらいでした。

ですが子どもの頃から日常生活の中にケチがすり込まれていた私にとって、〝ケチな活動〟＝〝ケチ活〟はライフワークでした。

そんな幼少時代を過ごした私はアイドルに憧れて15歳で東京に。16歳でデビューが決まり、国立市にある事務所のアイドルの卵やデビュー間もない子たちが住む寮に入居しました。寮なのでご飯などは困らないけれど、仕事がないからお金がない。そのうえ東京郊外なので遊びもない……という、バブルまっただ中でお金の使い方がおかしくなっている世間を横目に、私はひっそりと寮で暮らしていました。

19歳になり、寮がなくなることになり、お金もないのに一人暮らしをすることに。当時は、家賃は給料の3分の1と聞いていたので、5万円台のアパートに住み、家具も家電も全部もらいものので生活をスタートしました。

この頃は、日々生きていくために「最小限のお金を使って、どのように工夫してこの状況を乗り切るのか」ということばかりを考えていた時期でもあります。生活するための知恵をたくさんつけていったというか……。ただこう書くと、「大変な時期でつらかったでしょうね」と思われがちですが、実際の私はそんなことは全くなく。「これをこうしたら、こうできた！」みたいな発見がたくさんあり、楽しくてしょうがなかった記憶があります。きっとこの頃から、〝ケチ活〟を支えるためのアイデアを考えるのが楽しくなっていたんです。

そんな私が32歳で結婚、夫の実家のある埼玉で同居することに。浪費しないお義母さんや夫たちとの暮らしは発見も多かったです。とくにお義母さんからはいろいろ教えてもらえたのはありがたかったです。

お義母さんの節約マインドの基本は〝使い切る〟なんです。ものを購入することを躊躇《ちゅうちょ》するのではなく、そのものの天命を全うさせるというか……。たとえば野菜を買うとき、もちろん安いほうがいいですが、安かろう悪かろうになるくらいなら、それなりのものを購入して皮までしっかり調理して食べきる、みたいな考えを持っていて。私はどちらかといえば〝お買い得〟に目がないタイプだったので、ちょっと違うんです。私は、〝お買い得〟だからと野菜を買い込んだけれど冷蔵庫の隅っこでしなしなにしていた、みたいなことがあったので、お義母さんの考え方に感動しました。だってせっかく安く買ってもムダにしてたら意味がない。それは単なるセコい浪費家ですから。

そして〝使い切る〟ためには情報が必要なことも知りました。ロスにしないための手段をたくさん知っていないと何もできない。息子が幼稚園に行くまでの5年間、埼玉で暮らした日々は本当にいろいろ教わりました。人と話して知ることもたくさんある。本当にお義母さんはいい〝ケチ活〟パートナーです。

こうやっていろんな人から影響を受けながらも〝ケチ活〟は続いているのですが、やめられないのはやっぱり〝楽しいから〟につきます。

たとえば伝線してしまってもう捨てるしかないストッキングを見て、「これを使える、何かにできないか?」と考え、人からアイデアをいただき、そして何通りもの使い道を見つける……。発見したときの喜びは言葉では言い表せないほどうれしいです。もうアドレナリンが止まらないみたいな(笑)。そしてそれを人に伝え、「すごい!」「面白い!」と言ってもらえたらたまらないです。

私は〝ケチ活〟をゲーム感覚でやっているところがあります。捨てるものをアイデアによってときめくものに変えていくというか。「使い道がなくなったものも、新たな使い道がないか」と追加していく、チャージ方式で使い道をプラスして楽しんでいます。どこか発明に近いんですよね。ある意味、脳トレにもなっています。

「はじめに」でもお話ししたように、私にとって〝ケチ活〟はお金を節約するだけでなく、日々の喜びや楽しみを得る手段になっています。

もちろん節約したい人にはいろんな考え方があると思います。ムダを省いてお金がたまっていくことを楽しいと感じる人もいるでしょうし、ムダなこと自体が嫌いでそれをしていない自分に安心する人、「得した！」と感じることが楽しい人……本当にいろいろなんですよ。でも節約をする理由なんて人それぞれ、自由でいいと思います。

私は自分の気持ちに素直に従ったほうがいいと思っています。何が自分にとってお得なのか、自分にとって節約とは何なのか、何をすると楽しいのか……を考えて節約そのものを楽しんでください。

〝ケチ活〟をするうえで大事なのは〝自分が楽しむ〟ことだと思います。

そしてもうひとつ大切なこととして、自分の考えを人に押しつけないこと。どうしても家族に「これをして」「これはムダでしょ」と言いがちですが、相手にとってそれが苦痛で節約がイヤになってしまうこともあるんですよ。そうなると意味がない。協力もしてもらえないです。あくまでも他人に対しては〝ルールを決めずに楽しむ〟ほうがいいと思います。私は、洋服は2千円台と決めていたり、タンスの奥にあったジーンズでバッグをつくったり、歯磨き粉を最後の最後までひねり出したり……といろんな〝ケチ活〟をしていますが、〝ケチ〟なのは自分に対してだけ。人のためにはお金を惜しまないようにしています。大切な人への贈り物や差し入れなど、人が笑ってくれる、喜んでくれるものには奮発する、それが私のルールです。あくまでも〝ケチ活〟は自分の中で楽しむこと。そのほうが気持ちがラクになって楽しいと思います。

私は〝ケチ活〟は夢や希望が詰まっていると思います。そしてその喜びの先に、フードロスやＳＤＧｓなどがあれば本当に最高です。

今回は、私が〝ケチ活〟をしたことで何を感じて楽しんだのかがたくさん詰まっている本になっています。私が〝ケチ活〟をしてどれだけ楽しんだのか、ぜひ一緒に味わっていただけるとありがたいです。

松本明子流〝ケチ道〟のススメ

一、ものは使い切る、簡単に捨てない
一、買うよりもまず工夫する
一、ゲーム感覚で楽しむ
一、わかり合えるパートナーを見つける
一、人にルールを押しつけない

第1章

モノには
第2の人生
がある

出がらしのティーパックが油汚れの救世主

私にとって〝ケチ活〟は、当たり前のように日常に取り込まれています。たとえば朝、我が家は私だけコーヒー党なんですが、お義母さんと夫、今は一人暮らしをしている息子も紅茶党なんです。結婚してすぐの頃は「一緒にコーヒー飲めばいいのに」なんて思ったりしていましたが、今では〝それぞれ好きなものを飲んで朝が始まるのもいいな〟なんて考えたりしています。私のコーヒーはインスタントで夫たちの紅茶はティーパックと、手間がかからないのも許せる理由かもしれないです。

ところでこの紅茶のティーパック、みなさんはお茶を入れたあとどうしていますか？　私はあるときから、「**このまま捨てるのはもったいない。何かに使えないか**」と考えるようになりました。ティーパックの〝第2の人生〟を見つけてあげたいとい

飲み終わったあとの紅茶のティーバックは、フライパンを洗うときの必需品。こうやって、軽くこすると油汚れが落ちるんです。我が家では、夫とお義母さんが飲んだあとのティーパックは捨てずにとっておきます。

う気持ちになったんです。

コーヒーは〝脱臭効果があるので出がらしを乾燥させて、靴箱など臭いが気になるところに入れるといい〟なんて話を聞きますが、「じゃあ、紅茶はどうなんだろう?」と。そこでいろいろ調べていくと、どうも紅茶はアルカリ性ということがわかりました。**アルカリ性は油のような酸性の汚れに強いため、油汚れをきれいにするのにピッタリ**とのこと。これは使える!と思いすぐ飛びつきました。

まず、その日の夕飯の片づけのとき、油汚れのついたフライパンをいつものように洗剤たっぷりのスポンジでゴシゴシ洗うのをやめ、朝、夫が飲んだあとの**ティーパックを少し水に濡らして油汚れの部分にこすりつけてみました。そうしたら意外や意外、油汚れが取れていくんですよ。**これにはびっくり! もちろんすべてきれいに取れるというわけではないですが、ヌルつきもなくなり軽く汚れは落ちている状態。しかも水もほとんど使わなくてOK。なんて最高なんでしょう!! あとはいつも通り洗剤をつけたスポンジで他のお皿などと一緒に洗えばもうピカピカです。

スポンジの買い替えを先延ばしにできるのと、1回に使う洗剤と水の量が節約できる。それも捨てるはずだったものなのに……。LOVEティーパックですよ。

調べてみたところ、脱臭効果もあるみたいなので魚焼きグリルの油汚れにも最適らしいです。油でベトベトになったあとのそうじが大変だったので、すごくうれしい情報でした。気をつけることとしては、ティーパックによっては強くこすると破れやすいようなので、あまり力を入れないことぐらいです。その手軽さも魅力的なんですよ。私の大好きな〝ムリをしなくていい！〟ですから。

これを知ってからは、ティーパックを使ってくれるのがひそかな楽しみに。夫が撮影で家にいないときは「お義母さんの分しかたまらない……」と残念に思ってしまうほど、ティーパックに恋する日々が始まってしまいました。我が家では、飲み終わったティーパックは菌が繁殖しないように軽く乾かしてからお決まりのケースに入れて台所の目につくところに置いています。元は何かが入っていた透明の入れものを再利用していますが、これに入れているとそれなりのインテリアになるから不思議（笑）。まさか出がらしが詰まっているなんて思いもしないはず。見た目も実力も兼ね備えた紅茶のティーパックの〝第2の人生〟。その姿は本当に頼もしいです。

家にある「余った傘」が自転車のレインカバーに

街を歩いているとき、みなさんは何をしていますか？　私は意外なところに〝ケチ活〟に役立つヒントが隠されている気がして、周りを見渡すことが多いです。目を凝らして見ているというわけでもないんですけれど、心の片隅に〝ケチ活〟の意識があると、意外な気づきがあったりするんです。

この前も、仕事で出かけた大阪で街を歩いていたら、自転車に乗ったおばさまを見かけました。「さすが、主張が激しい服を着ているな～」なんてぼんやり思っていたら、その方が自転車をとめて買い物かどこかに行ってしまいました。ふとその駐輪した自転車に目をやると、前のかごの部分にふたがしてあったんですよ。自転車で買い物に行ったとき、急な雨が降ってきて食材がびしょ濡れになったことが何度かあったので、ひそかにふたが欲しいと思っていたことを思い出し、「こんな便利なものがあるんだ」とチラッとのぞいてみたら、なんとそれは**傘の布地をかごにかぶせてあるだけ**だったんですよ。

「その手があったか！」と思いましたね。考えてみれば傘って最高の防水じゃないですか。**大抵傘が壊れるといっても骨組みが折れたりするくらいで、布が破れるなんてそんなにない。となると、布部分はかなり丈夫なんじゃないかなって。**

あと傘って1、2本あればことが足りるのに、意外と家にいっぱいありませんか？

私は、実家の土地や建物を処分する「実家じまい」をしたときに母が使っていた傘を数本、東京の自宅に持ってきました。せっかく使える傘なのに「もったいない」と思ったんです。おかげで、**家には傘が必要以上にあるんですが結局、使うこともなく放置され、それなら、と思い自転車カバーとして再利用することにしました。**

たくさんあった中から、かなり使い古した傘を選びましたが、それでも骨組みから布を外すのは少し「もったいない」という気も。でもここは思い切って、傘に〝次の人生〟を歩んでもらうのが一番かなと、心に決めました。傘ってきれいな色や柄のものもあるじゃないですか。だから、いつもの自転車が華やかになる。イメージチェンジとしても最高な気がします。

やり方は簡単。まずは骨と生地をつなぐ糸を切って、骨から生地を取り外します。生地は中表にします。ちょうど傘の先端だったところには小さい穴があいているので、先端から2～3センチのところにひもをくるくると巻きつけてとめます。こうすれば、穴がふさがります。今度は、傘の裾の部分にゴムの通し口をつくります。裾を1～2センチ程度を折り曲げてぐるっと一周縫い、そこにゴムを通せば完成。

かごにすっぽりかぶせたら、それはもうレインカバーなんですよ。雨防止はもちろんですが、かごの中身の飛び出しやひったくり防止にもなったりと、意外と便利なアイテムの誕生です。

急に飛び込んできた大阪のおばちゃんの知恵が詰まった節約アイテム。家にいたら思いつかなかったので、これからも周りをよく見渡さなきゃ、なんて思いました。

着なくなったジーンズがオリジナルバッグに変身！

私は小学生のときは手芸部に入っていたほど、ミシンなどを使って何かをつくるのが好きなんです。これは子育てをするうえで、かなり得したなと思っています。子どもが幼稚園に入るとバッグなどを手づくりするというのは当たり前で、私は嫌いではないけれど、そうでない人は大変だろうなといつも思っていました。

つくったものの中で印象に残っているのは〝鍵盤ハーモニカ入れ〟。息子の幼稚園の先生から「サイズに合ったものをつくってください」と言われ、ママ友たちは手芸屋さんへ布を買いに行ったのですが、私は今回のために買うのもちょっとな……と持ち前の〝ケチ心〟がうずき出しました。何か利用できるものはないかと家の中を見渡したらすぐに見つかりました。行き場を失ったジーンズが。これでどうにかできる！

と思いました。若い頃に履いていた、もうウエストが入らないものや夫が履かなくなったものなど、「見た目は問題ないので捨てるには惜しい」というものが数枚。すぐにジーンズを再活用して鍵盤ハーモニカ入れをつくることにしました。

まずは鍵盤ハーモニカのサイズに合わせて、ジーンズの太ももからカット。そして片方を裏側からミシンで閉じ、筒状に。あとはもう片方にマジックテープをつけて閉じられるようにして、ショルダーひもをつければ立派な鍵盤ハーモニカ入れのできあがりです。とはいえ他のママたちはきっと子どもたちの好きなキャラクターの生地でつくってくるので、ここはもうひと工夫。息子の好きなスマイルマークのアップリケをつけてオリジナリティあふれるものに。これには息子はもちろん、周りのママ友からも好評でした。

そこで思ったのが、**デニム地は普遍的で飽きないし、かわいらしさも兼ね備えていて、かなり丈夫。ハンドメイドの頼もしい味方**なんじゃないかなと。

脚が入る部分を使ったので、まだ腰回りともう1本の脚のところが残っている……。

これを、そのまま捨てるなんてもったいない、使わない手はないと、今度は腰回りで自分のためのバッグをつくることにしました。「ジーンズの腰回りがバックになるの？」と思うかもしれませんが、そんなに難しくはありません。まずは腰回りが一直線になるように脚部分をカット。さらに**股下もカットして全体的に四角くなるように裏側から縫います。そして両角を縫い合わせてマチをつくると、ある程度は完成。あとは家で余っていたバンダナで持ち手をつくったり、缶バッチやアップリケなどをつけて装飾すると、あっという間にオリジナルバッグが。**これは日常使いできるとテンションが上がりました。

もちろんミシンを使うのが苦手な方やもっときれいできちんとしたものを持ちたいという方には向いていないかもしれないですが、私にはこれがちょうどいい。ポケットもあるし、かわいいし、よく使っていました。ジーンズの形状を生かすので、型紙がなくてもバッグができるのがすごくラク。数時間あれば簡単につくれるはずです。

もちろん別の洋服でもできると思います。コーデュロイのパンツをアレンジしてつくるバッグとか、おしゃれな気がしますね。もう着ないと思った服を変身させて〝第2の人生〟を見つけてあげる……。魅力的な趣味だと思います。

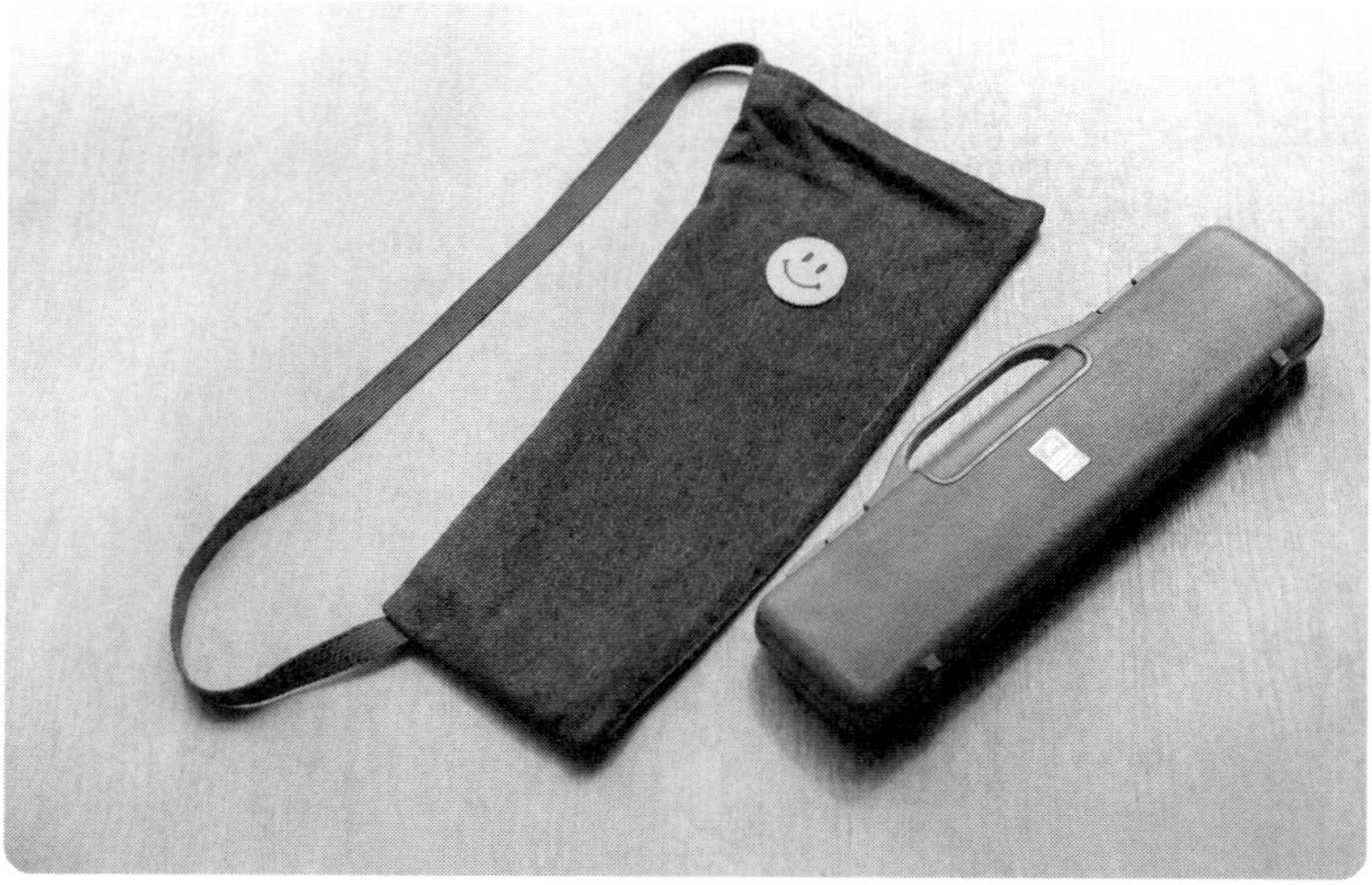

ジーンズの脚の部分を鍵盤ハーモニカのサイズに合わせて筒状にするだけだから、簡単。アップリケをひとつつけるだけで、かわいらしさもアップします。息子が幼稚園のときに使っていたものですが、今でも捨てずにとってあります。

ちなみに鍵盤ハーモニカ入れというのはかなり特殊ですが、たとえばヨガマット入れや横長のトートバッグをつくるのもアリだと思います。そして持ち手には、余ったデニム生地を使ってもいいし、生地を変えて別の柄や色を加えても、かわいくできる気がします。

最近では、デニムのリメイクバッグをショップで見かけることもありますが、それを買うと考えたらかなりお得！　そしてそのバッグは自分だけのオンリーワン。手芸が苦手でない人は試してみてください。頭で考えるよりも簡単につくれると思います。

〝ストッキングを捨てたらダメ〟という黒柳徹子さんの教え

履いている人が減ったと言われていますが、私はまだまだ履くことが多いのがストッキング。テレビのお仕事のときや人前に立つときには欠かせないアイテムになっています。そんなストッキングですが、技術の進歩があるとはいえ、いまだによく伝線が入ってしまって破れることが多いですよね。「まだ1回しか履いていないのに……」みたいなとき、本当にもったいないと思ってしまいます。

破れたストッキングは静電気を発生させるためほこり取りに向いているとよく言われていますが、ご多分に漏れず、私もお掃除アイテムとして使っています。**割り箸に細く巻きつけて手や掃除機が入らない隙間を掃除したり、夫が昔、使っていた剣道の竹刀にスポッとかぶせてベッドの下のほこりを取ったり……**。本当にゴッソリよく取れるんですよ。とくに竹刀は便利。真っ直ぐなのでかぶせやすいのと、グリップが持ちやすいので「ほこりを取るためにつくられたのでは？」と思うくらい。ベッドの下で大きくひと拭きすればびっくりするくらいきれいになる。汚れを取ったあとは、くるっとまるめて捨てるだけなので手も汚れないです。

ちなみにストッキングが掃除に向いていると教えてくださったのは、黒柳徹子さん。結婚して間もない頃にテレビ番組の「徹子の部屋」（テレビ朝日系）に出させていただき、そこで「これから主婦としてやっていくのなら、ストッキングさえもムダにしちゃダメ」とアドバイスをいただきました。かなり意外だったんですが、どうも黒柳さんもやっていたらしく「テレビの画面を拭くのもいいわよ」と教えてくださって。今でもストッキングを使って掃除をするたびに思い出します。

ストッキングは掃除アイテムとしては本当に優秀で、クリーニングを出したときについてくる**針金のハンガーをひし形に変形させ、それにかぶせて〝ポイ（金魚すくいのときに使う丸い枠に薄い紙を張った道具）〟をつくり、お掃除アイテムに変身**させることもできます。これはお風呂の水の汚れを取るのにぴったりで、家族の中で最後にお風呂につかる私にとってはすごく便利。ゴミだけをキャッチしてくれます。

水は通して浮遊物をキャッチする、この特性をもっと生かせないかと考えたのが、

花を花瓶に生けるときに花の根元にストッキングの足先部分をかぶせて固定するというワザ。水を通すのでかぶせても問題ないし、固定するのも簡単。そしてお花は日が経つと根元がヌルヌルしてきて水が汚れてしまうのですが、これだと**汚れをストッキングがキャッチしているので、水が汚れることもほとんどない**です。水を入れ替えるときも、ストッキングをかぶせたまま取り出し、根元のみをサッと洗ってまた新しい水に挿せばＯＫ。そして枯れてしまったときは、ストッキングごとゴミ箱へ。仕事柄、お花をいただくことが多いので、これは使えるなと思っています。

あとはストッキングの丈夫なところを利用して、**羽毛ふとんを収納するときのひもとしても活用。どうしても羽毛ふとんは、空気を含んで広がりやすいですが、コンパクトに畳んだあと、ストッキングで固く束ねると圧縮できるんですよ。**ストッキングは伸びがよくて、上下に力をかけることに関しては切れることもないので万能です。

それ以外だとブーツスタンド。股上部分をカットしたストッキングの脚部分に、棒状に丸めた新聞紙を入れるのですが、ポイントは新聞紙をくしゃくしゃにすること。新聞紙を１枚ずつくしゃくしゃにしたら、一度、手で広げます。それを数枚重ね棒状に丸めます。すると、とてもやわらかい棒になるので足首の部分が曲がって、ブーツの足が入る部分にもフィットするんです。新聞紙のインクには消臭効果があるため、形をキープしつつ脱臭もしてくれるすぐれもの。そのうえ、新聞紙は湿気も取ってくれるのでブーツ自体にカビが発生しにくくなります。本当に素晴らしい。ちなみにストッキングの太もも部分はお気に入りのリボンで結んだりしたらかわいくなります。自分の手でアレンジできるのも楽しいところです。

ひと手間加えるとどんどん変身していくのも手づくりの魅力。これはストッキングというよりカラータイツのほうが映えますが、股上部分を使ってシュシュをつくったことも。脚部分をカットしたタイツは腰まわりサイズの筒になります。上下を合わせるように折り返し、中にヘアゴムを通して縫っていきます。意外とクシュクシュっとなってかわいいんですよ。まさか元がタイツだなんて誰も思わなかったはずです。

こうやって考えていくと、本当にストッキングは万能。アイデア次第で何にでも変化していきます。ただ脚部分は結構使い道があるけれど、腰回りはいまいち活用方法が見つかっていない現実があって……。今は胴回りを含めて、お掃除アイテム以外でも何か使えないか、日々考えています。

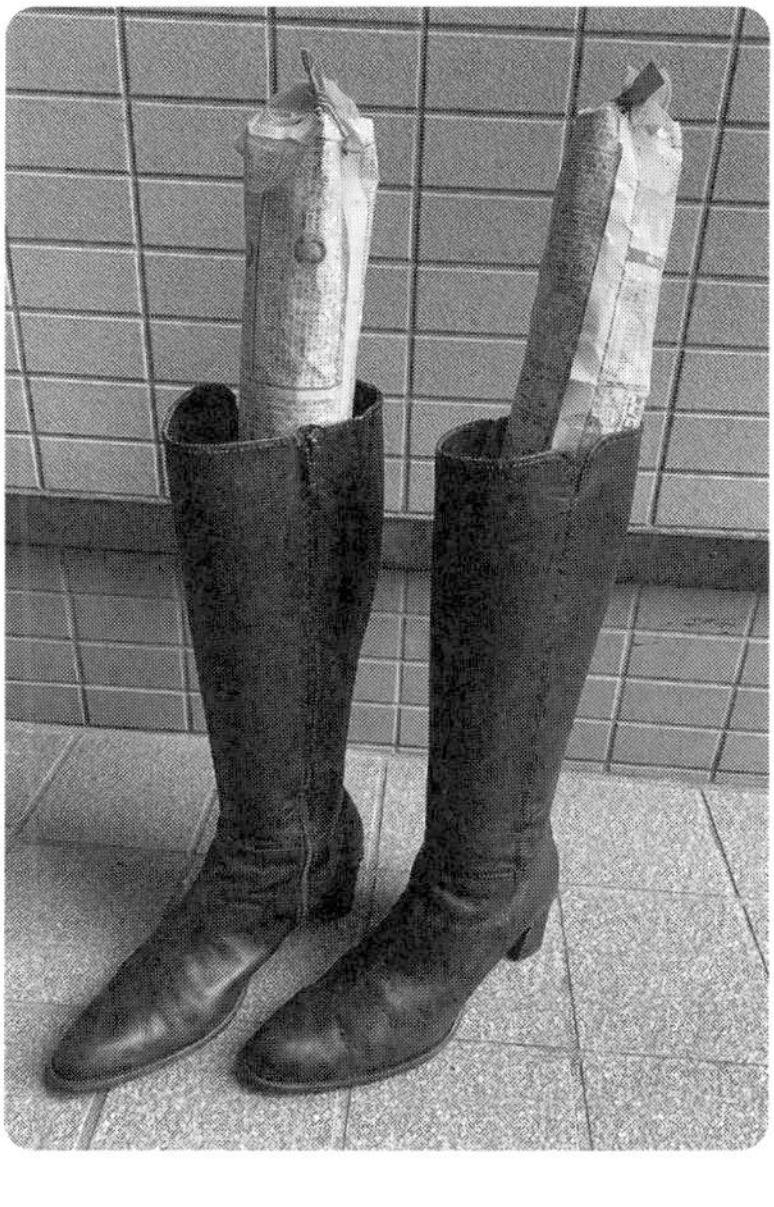

（上）タイツを使って手づくりしたシュシュ。タイツのリメイクには見えないですよね!?
（下）ストッキングの中に丸めた新聞紙を入れてブーツスタンドに。ロングブーツはそのまま置いておくと倒れてしまったり、折れ曲がってしまったりします。これを入れておけば自立してくれるので、型崩れも防げます。

保温性と収縮性に優れたストッキングはインナーにも使える

今回、〝ケチ活〟についていろいろ振り返ったり、まとめたりしていて、ずっと引っかかっていたストッキングの〝第2の人生〟。「〝ストッキングを捨てたらダメ〟という黒柳さんの教え（P31）」で書いたように、「お掃除アイテムとしてはかなり優秀だけれど、本当にそれだけで終わらせていいのかな？」と常に頭の片隅においていました。

ちなみに〝ケチ活〟のいいアイデアが浮かぶのは大抵ベッドの中なんですが、眠くなる前にふとんに入り、うつらうつらしながら「ストッキングの使い道は他に何があるんだろう」と考えるのが日課になっていました。

先日もベッドでストッキングのことを考えていました。**どんな形にでも伸びる収縮性と薄くても温かい保温性を生かしたものは何かなと。そうしたらふと頭に浮かんできたのが、**以前、大阪のおばちゃんから聞いた「ストッキングは着られる」という話。「着られるって、どういうこと!?」「どうやって!?」と、考え始めたら止まらない。となると寝ている場合ではない！　急いでストックしてあるストッキングの山に手を伸ばしました。

まず足首のところをはさみでカット。そして股の縫い目のところに15センチ程度はさみを入れ、そこをかぶり首を出せるようにします。脚の部分に両腕を入れ、切った股のところから頭を出す。つまり、ストッキングの股の部分からかぶるように着るわけです。すると、なんてことでしょう。上半身に着用できてしまった！

実際に着てみると程よくフィットして圧迫感はあまりないうえ、なかなか温かい。私は「やった！」と思いました。「ついに見つけたな！」と。この思いをいち早く伝えたく、すぐさま写真を自撮り。夜だったのにもかかわらずマネージャーにメールを送りました（笑）。夜中に突然メールが来たと思ったら私がストッキングを着ている写真ですから、さすがに驚いたようです。

ちなみに先日、「踊る！さんま御殿!!」（日本テレビ系）に出演させていただいて、この世紀の発明を明石家さんまさんにお伝えしたら、笑ってくださったのですが、どうも私の熱量とはズレていて（笑）。「ダウンタウンDX」（日本テレビ系）でも紹介したんですが、ダウンタウンのお2人も含め、出演者の方は若干引き気味でした。

まぁインナーなんて買っちゃえばいいと言われたらその通りなんですが、どうしてもまだ誰もが見たことがないストッキングの〝第2の人生〟を見つけたかったんですよ。この自分だけの楽しみみたいなのも、ある意味〝ケチ活〟らしいなと思います。

自分だけの大発見。それができた今は、かなり満足しています。

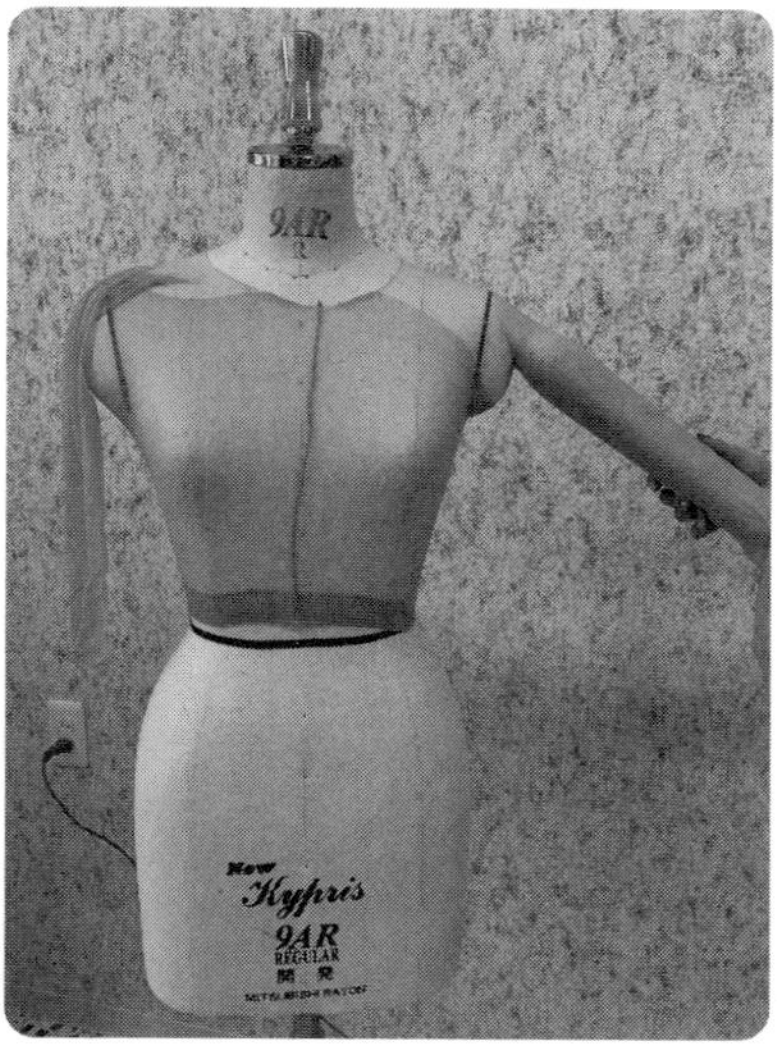

こちらが、ストッキングでつくったインナー。名づけて、「シースルーあったかインナー」。脚の部分に腕が入り、股の部分から首を出す仕様です。なかなか温かいんですよ。

着古したセーターをほどいてアクリルたわしに

実は私、数年前までかなりの便秘で、トイレに2時間以上いるなんて当たり前、ひどいときには5~6時間こもったこともあるくらい苦しんでいました。そんなときにトイレでしていたのは編み物。手元を動かすだけなので、トイレという個室での時間つぶしとして最適でした。ただその後、専門家の先生にお話を聞くと、トイレにこもることは下半身が冷えて、便秘にもよくないとのことで、もうトイレでは編んでいませんが……。

当時はマフラーやブランケット、それからアクリルたわしもつくっていました。アクリルたわしとの出合いは、息子がケガをして通っていた近所の形成外科。待合室で待っているといろんな方と出会うのですが、そうした方々とちょっとした世間話をさせていただくのも楽しいものです。ある時、隣に座ったおばあさんが「最近、アクリルたわしをつくるのに凝っているの」と教えてくれたのがきっかけでした。アクリルたわしはアクリル毛糸で編んだたわしのことで、食器やシンクなどを掃除するときに使えます。アクリル毛糸とには油を吸収する性質があるので、少量の洗剤で汚れも落ちるんです。エコなアイテムとしても人気です。

　原料のアクリル毛糸は100円ショップでも売っていますが、私の頭には、着古してタンスの肥やしになっている**セーターやニットが浮かびました。「それらをほどいて使えば、買わなくてもすむ**」と思いついたんです。昔、祖母が着なくなったセーターをほどいて毛糸にしていたのを見よう見まねでやっていますが、意外と楽しい。細すぎる糸だとほどきづらいですが、ざっくりセーターだと簡単。もちろんアクリル100％がいいと思いますが、そこはあまり気にせず使っています。まぁ私のいい加減なところなんです（笑）。

　そうやってつくられた**アクリル毛糸を円や四角、はたまたリンゴなどをモチーフにした形にかぎ針で編んでいくだけで完成。すべて同じ色でつくってもいいのですが、何色かを組み合わせてカラフルに編むのもおすすめ。お掃除や食器洗いも、カラフル**

なグッズを使うとテンションも上がりますし、組み合わせを考えるのが楽しいです。

私は食器を洗うときはもちろんですが、シンクの水あか汚れを落とすときにもよく使っています。少しこするだけでピカピカになって気持ちがいい。「掃除をした！」という満足感をもらえます。ドラッグストアに行くとついお掃除アイテムを買いたくなりますが、ちょっとしたことで簡単につくれるのは本当にありがたいところ。これからもいらないセーターが出てきたらちょこちょこ編んでいきたいです。

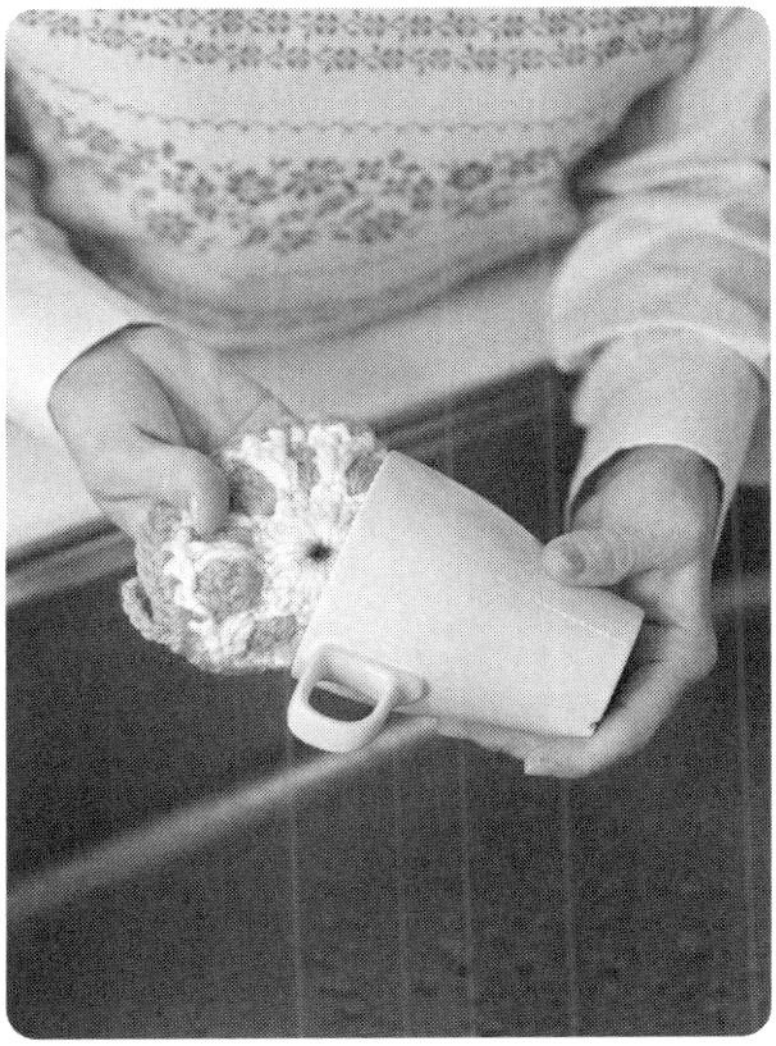

手づくりしたアクリルたわしは、食器を洗ったり、シンクの水あかを落とすときに大活躍。カギ針編みは基本を覚えてしまえば、けっこう簡単。編み物初心者にもおすすめです。

粉末洗剤と新聞紙は湿気取りに大活躍

私は数年前、約25年間、空き家になっていた香川県高松市の実家を〝実家じまい〟しました。最後には頻繁に行き来することができず大変なことも多かったですが、この家ほど、母親の〝ケチ活〟が生かされた場はなかったと思います。

そもそもなぜそんな長い間空き家だったかというと、私が27歳の頃、「電波少年シリーズ」（92〜03年、日本テレビ系）や「DAISUKI!」（91〜00年、日本テレビ系）、「TVチャンピオン」（92〜06年、テレビ東京）といったバラエティ番組のレギュラーを複数いただくようになり、洗濯するヒマもないほど忙しくなってしまったんです。

そこで母親に生活を助けてほしい気持ちに、一緒に住んで親孝行したいという思いも重なり、両親を東京に呼び一緒に暮らし始めました。

そうなると高松の実家は誰も住む人がいなくなり空き家状態に。一応、両親が健康なうちは掃除や片づけのために年に数回、高松に帰っていましたが、それもどんどんできなくなって、両親が亡くなったあとは、私もほとんど帰ることができず、それでも家を維持していました。

そんな常に人がいない状態の実家ですが、**できるだけ現状をキープするためにしていたのが洗濯用の粉末洗剤を置いて帰ること**。長期間、家を閉めっぱなしにしていると湿気がこもりやすくなってカビが発生するんですよ。もちろん、換気扇などを常に回して空気を循環させればいいんでしょうが、そんなムダなことは母も私もしない。となると除湿剤を置くのがいいですが、わざわざ買うとなるともったいない（笑）。ということで役に立ったのが粉末洗剤でした。

今でこそ洗濯洗剤といえば液体が主流になりつつありますが、昔は粉末が一般的でした。粉末洗剤の少々困ることといえば、使っていくうちに少しずつ固まってくること。もちろん水で溶けるので固まっても洗濯には支障がないのですが、「なぜ固まるんだろう?」と思って調べたら、どうも湿気を吸収する性質があるからとのことでした。そのことを知っていたかどうかはわからないですが、母は実家を離れるとき、**必ず部屋の中に粉末洗剤を置いてきたんです。外ぶたはパカっと開け、さらに中ぶたにはえんぴつを刺していくつかの穴をあけてありました。こうしておくと、箱の中の洗剤が湿気を吸収してくれる。つまり、湿気取りになる**というわけなんです!

そして固まったら持って帰って洗濯のときに使う。固まっていても、洗濯に使えますからね。これは〝第2の人生〟というより、本当の人生を歩む前の〝ちょっとお試し人生〟に近いのかも。先に別の働きをしてもらい、その後に正しい人生を全うしてもらっていました。

そして粉末洗剤を置く以外にも、必ずしていたことがあります。それは、**新聞紙を床に広げること。これも粉末洗剤と同じで、湿気取りに大活躍**でした。よく昔は、押し入れの中に新聞紙を敷いていましたよね、あれと同じことです。母は、数カ月誰も入らなくなる実家の部屋の一面に新聞紙を広げ、湿気から家を守っていました。おかげで畳が腐ることもなく、家もカビだらけになることはなかったです。

これらは母が日常生活の中で行っていたことですが、改めて調べてみると「なるほど！」と思うことばかり。まさに〝生活の知恵〟という気がします。

今考えてみれば、新聞紙が敷いてあって、部屋にはふたが開いた粉末洗剤が置いてある……という少しと異様な風景ですが、身近にあるもので家を守れたなら万々歳！

そして**粉末洗剤は湿気取りとしての役目が終わったあとは、通常の使い方で消費される……**。さすが、私の母だけあるなと思います。

香川県高松市にあった実家は、25年間空き家でした。母親は、掃除や片づけに行くたびに新聞紙と粉末洗剤を置いて、湿気がこもらないようにしていました。

オクラのネットを虫除けネットにして害虫対策

スーパーなどで見かける野菜が入っているネットって、みなさんどうしているんだろう？　ストッキングには驚くほど使い道があるのに、野菜のネットってイマイチ活用ができていないんですよ。しっかりとしているので捨てるのはもったいない。目が粗いというのもあるのですが、ストッキングほど万能に使えておらず、これも私の中の〝何かに変身できないか？〟案件のひとつになっています。

伸びもいいし編み目もあるから通気性もいい。私が通っていた小学校ではネットの中に石けんを入れて泡立てネットとして使っていましたが、最近はハンドソープを使うし、なかなか石けんの出番はない……。何か画期的な使い道を考えたいところです。

ちなみに**オクラのネットは、我が家ではクーラーの室外機の横にある、エアコン内**

の余計な水分を排出する「ドレンホース」の先につけています。実はこのホースの穴からゴキブリが家に入ってくることがあるらしいんです。初めて知ったときは驚きました。それからはどうしてもホースの先をふさぎたい！と思っていました。でも、水を排出する場所なので完全にふさぐことはできない。となったら編み目のある丈夫なものでふたをすれば……とオクラのネットを使うことにしました。

やり方は簡単。ただホースの先にオクラのネットをかぶせて輪ゴムでとめるだけ。これだけで立派な虫除けネットになります。ちなみにこれ、ストッキングでも問題ないはずなんですが、なぜか我が家はオクラのネットを使っているんです（笑）。

あとは、**オクラのネットは編み目が粗くて固いので、ごぼうやじゃがいもといった土野菜の泥を落とすのに向いています。**意外と水だけでは落ちにくい泥ですが、これを使って洗えば、そんなに力を入れなくても簡単に落ちていくので便利。そして使い終わったらすぐに捨てられる気軽さがあります。

あとは雨どいの葉っぱよけにも使えそうだけど、もうちょっと日常的に使いたいところ。まぁそうやって考えることが〝ケチ活〟の楽しみ。いつか画期的なアイデアが生まれるときを夢見ながら、オクラのネットを集めています。

歯ブラシと歯間ブラシは立派な掃除アイテム

ロケなどで地方のビジネスホテルに泊まったときに使うアメニティの歯ブラシ。夜と朝と使いますが、数回使っただけで捨てるのはもったいない。私はいつも持ち帰ってきます。そうやって持ち帰ってきた本来の役目が終わった歯ブラシを束にしたモノが、我が家の洗面所の下には眠っています。

アメニティのグッズを持ち帰るという方は、私だけではないと思いますがみなさんはどう活用しているのか気になります。

我が家ではストックされた使用済みの歯ブラシは基本、お掃除アイテムとして再利用されています。実は、**アメニティの歯ブラシは細い毛で固いものが多いので、細かい部分や排水口を掃除するのに向いているのです。ヘッドも小さく小回りがきいてか**

なり優秀です。洗面台の下に入れてあるので、お風呂に入ったあとの掃除のときに、サッと取り出して使っています。

そんな歯ブラシと同様に掃除アイテムとして使えるのが歯間ブラシ。お風呂場や洗面台の細かい隙間はもちろんシャワーヘッドなど、**歯ブラシでも届かない細かい溝の汚れも、歯間ブラシだと簡単にこそぎ落とすことができます。**形も持ち手がついているので使いやすく、毛先も細かいので汚れにフィットしやすい。水道の蛇口のつなぎ目など、放置していると黒ずみやカビが発生する汚れも簡単に落とせます。こういった部分がきれいになるだけで、背すじがシャンとするというか、気持ちがいいです。

歯ブラシは、私が子どもの頃から母親も掃除のときに使っていたので活用できると知っていましたが、歯間ブラシが使えることは人から教えてもらいました。それまで普通に使い捨てていたので、今思うともったいない！「取り戻しに行けるなら行きたい」と思うくらいです。洗ったとはいえ口に入れたものなので、私は掃除アイテムとして使うようにしていますが、もっといろんな場所でも活躍できそうな気もします。とはいえ、まだ何も思いついていないですが、あと数年後、また何かひらめくか

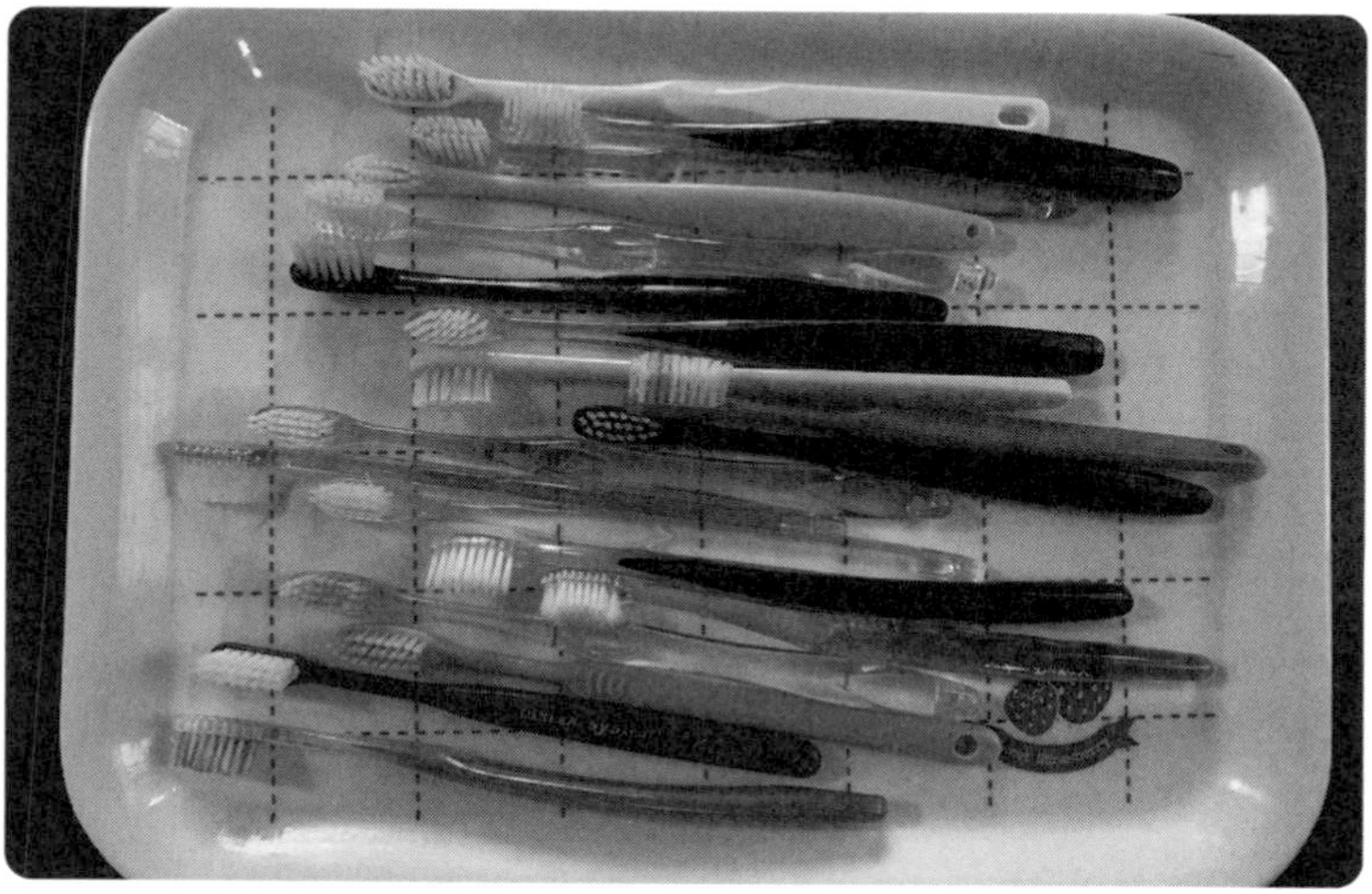

ホテルから持ち帰ったアメニティの歯ブラシは、洗面台の下にストック。お風呂や洗面台周りの掃除などに欠かせない存在です。

も。そのときが待ち遠しいです。

ちなみにホテルで使ったミニ歯磨き粉ですが、こちらもちょっと残るので持ち帰り使っています。捨てるなんてもったいないですから。

まぁ歯磨き粉にもいろんな使い方があると思いますが、ここは普通に歯を磨いています(笑)。やっぱり〝第2の人生〟を歩むには、まず〝第1の人生〟を全うしてもらうことが大事です。

身近なものの第1の人生と第2の人生

	第1の人生	第2の人生
紅茶のティーパック	紅茶をいれて飲む	・フライパンの油汚れ落としに
傘	さして雨をしのぐ	・自転車のかごのレインカバーにする
ジーンズ	衣服として着用する	・鍵盤ハーモニカ用のバッグにする
ストッキング	脚をきれいに見せるために履く	・掃除アイテムとしてほこりなどを取る ・ひもとして使う ・ブーツスタンドに活用 ・あったかインナーとして活用
セーター	衣服として着用する	・食器を洗うアクリルたわしに
粉末洗剤	衣類の汚れを落とす	・湿気取りに活用
新聞紙	読んで情報を得る	・湿気取りに活用
オクラのネット	オクラを入れる	・ドレンホースの先につけて虫除けに ・土野菜の泥落としに活用
歯ブラシ、歯間ブラシ	歯や歯間を磨く	・細かい溝の汚れを落とす

第2章

〝もったいない〟がひらめきのスイッチ

CDでコマをつくったら子どもたちが大喜び

〝ケチ活〟で楽しいのは、「これ何かに使えないかな？」と思っているものが、アイデアにより別の使い道が見えたとき。これまでも何度もそういう奇跡にも似た（まぁそう思っているのは当事者の私だけかもしれませんが……）経験をしてきていますが、なかでも「これは！」と思ったのはCDの使い道です。

仕事柄、資料としてCDをたくさんいただくことが多く、そういったものは売ることもできずに部屋にどんどん積まれていく一方で、「これをなんとかしたい！」といつも思っていました。以前、田舎の田んぼにつるしてあるのは見かけたことがあります。キラキラ反射する光を利用してカラス除けにしているそうですが、それは私とは縁遠い使い方だし……。

そんななか、ちょうど息子の通っていた幼稚園でバザーが開かれることになり、保護者がいろんなものを持ち寄って参加しなければいけなくなりました。

「さて、何を出品しようか……」。もちろん買った商品でもいいのですが、ケチな私はハンドメイド一択。そしてせっかくつくるなら、子どもたちが喜んでくれるおもちゃをつくりたいと思うようになりました。

「何かおもちゃに変化できるものはないか？」と部屋を見渡していたら、ちょうど目に入ったのが山積みになったCD。とはいえCDとおもちゃ……なかなか結びつかないんですよ。何度も手に取り、円盤をのぞいたり回してみたり。でも途中から、「絶対にこれで何かをつくる！」みたいな使命感に近いものが生まれてきました。

どうしようかと考えをめぐらすうちにふと思ったのが、真ん中の穴に何かを入れるのはどうかということ。息子のおもちゃなどいろんなものを試しに入れてみたら、ビー玉がすっぽり入って、ちょうど中央くらいで引っかかるんですよ。これは何かできるかもと**試しに接着剤を使ってビー玉を真ん中で固定し、ビー玉を持ってコマみたいに回すと、クルクルと回り出す**。「これだ！」って思いましたね。

一見、回すのは難しそうなんですが、やってみると意外と簡単で。子どもでも楽しめる〝CDコマ〟の完成です。すぐさま、息子に遊ばせてみたら楽しんで回している。意外とバランスがよく、勢いよく回るから楽しいようでした。またCDによってはイラストが書いてあったり真っ白いものがあったりと個性があるのもよかったみたいです。

それからはCDコマの制作にいそしみました。通常版から昔の8センチサイズのシングルCDまで。ときにはCDにイラストを書いたりしてよりオリジナリティーを出してみたり（笑）。

そうやってつくられたCDコマはバザーで大反響。見たことのないおもちゃに、みんな興味津々です。ありがたいことに子どもたちに人気で、みんな喜んで回していました。きっとゲーム世代の彼らには新鮮に映ったんだと思います。

どうも今調べると、〝CDコマのつくり方〟はネットに上がっているみたい。けれど、今から15年近く前の私にとってはもう世紀の大発見。いまだに思いついたときの喜びはリアルに思い出されます。そして思うのは、「やっぱり〝ケチ活〟って最高だな」ということ。いらないものがアイデアをプラスすることで喜ばれるものに変化するのは、うれしさしかないですから。脳が生きているって感じる瞬間でもあります。

「宝探し」のような楽しみがあるスーパーの衣料品売り場

どのようなものでもできることなら徹底的に使い倒したいと思っている私ですが、それは洋服も同じ。では、どのように効率よく着倒すことができるのかと考えたとき、思い浮かんだのがチーム分けでした。**私は洋服を1軍2軍3軍と野球チームのように分けているんです。**

たとえば1軍は〝テレビの収録などでも着られる服〟。このお仕事はスタイリストさんに衣装を用意していただけることもありますが、自前の服で出演しなければいけないことも意外と多く、そういうときに着られる服を1軍にしています。

2軍は〝仕事に着ていく服〟。仕事先に衣装はあるけれど、それまでにいろんな人と会うのである程度は見られても大丈夫な格好をしなければいけないときに着ています。できることなら舘ひろしさんのようにバスローブで移動したいですが、なかなかそうは言っていられません（笑）。

そして3軍は〝部屋着〟。基本、家の中で着る服なので本当にボロボロ……。息子の中学生時代の体育のジャージや制服のセーターなどがここに属しています。

そうやって分類していますが、**最初から3軍スタートの服は基本、ありません。最初は1軍から、次第に2軍、果ては3軍と着る回数が多くなる順に降りていきます。そして3軍にも属せないほどボロボロになったら拭き掃除に使う布になったり、3軍が増えてきたと思ったら古着屋さんに売りに行きます。**古着屋さんは昔から行っているのですが、値段がつかなくても引き取ってくれるので、ある程度着られるものならここにお願いするという感じです。私の着た服をまた他の誰かが着るのか、資源として再利用するのかわからないですが、ゴミにならなかったということだけでも喜びがあります。今でいうところのSDGsというか、なにか世界に関わっている感覚が生まれるのもうれしいです。

ちなみに、私はスーパーの2階とかにある衣料品売り場で服を買うことが多いんです。それこそ私が10代、20代の頃はバブル全盛期でDCブランドの1着数万円する服を買っていたのですが、あるとき気づいたんですよ。「せっかく買っても、やっぱり流行があるし、高い服には一張羅という考えがあるからなかなか着ないなあ」と。それにそういう服は、たとえ穴があいても2軍に落とすこともできなく……。せっかく買っても元を取れたことはないし、あまり着なくても高かったという思い入れがあるから捨てることもリサイクルに出すこともできない。もったいないのかたまりなんです。

なのでいつからか自分の金銭感覚に合った服を選ぶようになりました。**1万円で1着買うより、2千円の服を5着買うほうが私に合っている。つまりスーパーの衣料品売り場は私にとって最高の売り場なんです。**それに食品を買ってためたポイントでも買えちゃいますから！

今ではUNIQLOとかありますが、昔は安いと言ったら、スーパーの中にある衣料品売り場でした。そのときの名残なのか、私はいまだにスーパーの衣料品売り場に行くとテンションが上がりウキウキするんです。そこはあらゆる世代に合わせて充実しているのが面白いところ。スカートもあればパンツもあるし、ワンピースもあって、それもかなり激安です。私は、衝動買いする服はなるべく2千円台で収めるようにしています。2千円だと、もし汚れてしまったり、すぐ1軍から2軍落ちしてしまっても、ある程度納得できるんですよ。そして気に入ったデザインのものは色違いも買うことができる。これはかなりうれしい。そして何よりも楽しいのが、**自分が気に入った値段以上のものを見つける〝お宝探しゲーム〟の感覚が味わえる**ところです。これは楽しみしかない。リーズナブルな服とは思えないものもたくさんあるので、ぜひ一度、スーパーの中の衣料品売り場、のぞいてみてください。

ちなみに**私が服を購入するときに値段以外で気をつけているのはシンプルさ**です。それこそ若い頃は、流行を追ったデザイン性の高いものを買っていたのですが、結婚をしてから〝ものを買う〟ことに対して意識が変わっていきました。どんなものでも、〝今〟ではなく、〝数年後〟を見据えるようになったというか……。せっかく購入するなら長い間、愛することができるものをと強く考えるようになり、数年先、まだその服を着ている自分を想像できて購入したときはいいものを購入したなと心が踊るような気持ちになります。家族を持つことで、将来の自分が想像できるようになったのが大きかったのかもしれないです。

それから私はベーシックなものを好むようになりました。1軍の洋服だと少なくとも5年以上は活躍させているのですが、これが突拍子もない目立つデザインだと、「またあの服着てる」って思われてしまうんですよ。〝ケチ〟といわれている私ですが、さすがにそれはイヤだなと（笑）。

あと**形はベーシックですが、カラーはバリエーションをもたせています。そのほうが、絶対に違う印象を与えることができるはずなので。**少ない服を着回している感じをあまり見せず、そして自分の好きな服だけでコーディネートするのは楽しみでもあります。ちなみにベーシックな服は飽きがこないうえ、年を重ねてもいつでも着られるので、お得だなと思います。

では全ての服が2千円かと言われればそうではなく、2千円の服を買うことで浮いたお金で普段は買わないけれど8千円くらいのワンピースを買うなんてこともあります。これは自分へのご褒美なんですが、それもまた楽しみのひとつ。また、すごくお気に入りのデザインだったり、ずっと心を離さないものであれば、多少高くても買う

色違いで購入したこのワンピースも、2000円台。これを着て値段の話をすると、お決まりのように「2000円台に見えない」と言われます。

ようにしています。そこは自分の心に正直にというか。そうやって悩んで買ったものは、若いときのブランドの服とは違って長く着続けますから。

まぁこの年になって気になる服というのは、流行りにあまり関係がなく、**どちらかといえば素材にこだわったものが多くなっていることも関係あるのかもしれませんが、長く愛することができる服を手に入れるのはやっぱり楽しい。**欲しい気持ちは我慢せず、楽しみながら〝ケチ活〟を行うのが、私には向いているんだと思います。

お風呂は間を空けずに入るほうが節約になる

節約家ということで取材を受けると「お風呂はどうされていますか？」とよく聞かれます。節約するうえで意外と多くの方が気になるのがお風呂周りのことなのかもしれないです。

よく言われるのは温度について。お湯を温めるにはガスを使うため、熱すぎず体が温まる程度の温度を選ぶのがいいと言われています。ただ、我が家は基本、40～42度くらい。暑い夏でも38度程度で、あまり気にしたことはないです。私が無理強いして温度を下げることで、家族の誰かに負担をかけたくないというのもあるんですよ。あと初期設定温度を低くして最後に入る人が追い炊きをするとなったらあまり意味がないと思っているので。あくまでも平均的。それが我が家のお風呂の最適な温度です。

ただ**我が家は、入る時間と順番を大切にしています**。大体、21時頃から、夫、もしくは今は進学して家にいませんが息子、お義母さん、そして最後は私の順で入っていきます。あまり**1人1人の間を空けることなくリレー方式を取ることが重要。間を空けないことで追い炊きをせずに入れて、ムダなガス代がかからないんですよ。**よく「途中でお湯を沸かさないと冬場は寒くないの?」と聞かれますが、私は平気。お風呂にふたをして、蒸気を閉じ込めていたら意外と冷めない気がします。あとみんなが効率よく間を空けずに入るので、お湯も冷めている時間がないっていうのもあると思います。ちなみに、ふたの下にアルミ板を貼ると、湯が冷めにくくエコにつながるらしいですよ。

シャワー問題もありますよね。やはりお湯を出しっぱなしにすると水道代やガス代がかかってしまいます。一人暮らしだとお風呂にお湯を張るよりシャワーのほうが効率的なんてことを聞いたことがありますが、我が家は3~4人家族なのでお湯は必ずためます。そしてお湯の量も普通。これは温度同様、あまり気にしたことはありませんが、ただ、**基本差し湯せずに入っています。1人ごとに数センチずつ減っていきます**が、きっとお義母さんくらいまではそんなに問題なくつかれているはず。ちなみに**私**

は少なくてOKなんです。寝転がってつかればいいかなって思っているので（笑）。

シャワーに関しては、私以外はみんな使用していると思います。髪や体を洗うのに便利ですから。ただ私は使わない。これは昔から決めていることで、とくに苦痛に思ったことはないです。体や髪を洗うのは湯船のお湯を洗面桶に入れて使えばいいし、そんなに不便ではないんですよ。そしてそれによってお湯が減っていくのですが、それを見ているのもうれしくて……。ただ、家族には「シャワーを使わないで」なんて言ったことはありません。これはあくまでも私のルール。私のお風呂での〝ケチ活〟の楽しみ方なんです。ちなみに我が家の洗面桶は、30年以上前にディスカウントショップのロヂャースで200円くらいで買ったもの。今も現役です！

そうやってお湯はどんどん減っていきますが、**さすがに最後は少し残ります。今度はそのお湯を使ってお風呂を洗っていきます。最後に私が入る理由はこれ。**どうしてもお風呂掃除を後回しにしがちですが、使ってすぐに洗ってしまえばカビも発生しにくいし、服が濡れるなんてこともないですから。残り湯を洗面桶に入れてお風呂場全体を洗ったら、我が家のお風呂のお湯はお役御免。きれいさっぱりなくなっています。

多くの方はお風呂を洗うときはシャワーを使うと思います。水に勢いもあるし、隅々まで行き渡って便利ですから。ただ、私にとってはこれがもったいないんです。だってシャワーの水って真新しいんですよ。それを掃除のみに使うなんて、私の中ではあり得ないことなんです。そう私は根っからの〝ケチ〟ですから（笑）。

もちろん、残り湯を洗濯に使うのもアリだと思います。結婚して間もない頃、夫の実家に住んでいたときはお風呂の近くに洗濯機があったので、残り湯を洗濯に使っていました。ただ我が家はお風呂場と洗濯機が少し離れているので、洗濯で使うのは断念。その代わり掃除などで余すことなく使うようにしています。

と、こんな話をよくすると、「ご家族はどう思われているのですか？」とも聞かれます。そのことについて家族ととくに話したことはないですが、毎日、私が入ったあとにはお風呂のお湯がなくなっているのを見て、そういうことをしているんじゃないかな……とうっすら感じているはず。まぁ私としては、自分の〝ケチ活〟のためにしていることなので、別に知ってもらいたいという気持ちはとくにないです。人に強要することもありません。これは私がしているひそかな楽しみなんで、逆に先にお風呂に入ってとか言われるほうがイヤかも。もうわがままですね（笑）。

最近は光熱費が上がっているので、お風呂の入り方を見直すという人も多いと思います。私のやり方もひとつの参考になればと思いますが、大事なのは自分たちの生活のスタイルに合わせて、何を変えて、何を変えないのか、効率よく判断すること。

私も結婚して間もない頃は今のやり方を見つけられず、どうしたらいいかな？と考えていました。でもいつの間にか要領をつかんでこのスタイルに。ただ、これから私を含め家族も年をとっていくので、そうなったらまた違うスタイルが見えてくるのかもしれません。そのときはそのときで考えるのがいいかなって思っています。

シャワーキャップが ボリュームがある食べ物のラップ代わり

仕事柄、地方のホテルに泊まることも多いのですが、そこで思うのが、ホテルに備えつけられたアメニティの使い道。なかでも気になるのがシャワーキャップです。

私が子どもの頃は母親が髪の毛が濡れないようにとシャワーキャップをしていることもありましたが、今では毎日髪の毛を洗う人も多いし、もし洗わないにしてもヘアゴムでひとまとめにして濡れないようにしていたりと、シャワーキャップを使っている人は今の時代、かなり少ないのではないでしょうか。

まぁ使わないなら持ち帰らなければいいのですが、いただけるものは持ち帰りたいと思う私は、「いつか使おう！」と持ち帰ってみては、あまり使い道を見つけられずにストックしていました。

ただうれしいことに使い道は急に降ってくるんですよ。ある日、息子のお昼ご飯としてオムライスをつくったのですが、急に「あとで食べる」と言われてしまいました。ケチャップまでかけていたので、ラップをするとべったりとくっついてしまうし……と、途方に暮れていたら、ひらめきました！　**シャワーキャップは立体的だからラップのように使ってもケチャップにくっつくことはないんじゃないかなって。**すぐさまストックしていた**シャワーキャップを取り出して丸いお皿にかぶせてみると、食べ物に直接触れずにフワッとかぶせられるんですよ。**これには「便利！」と声が出ましたね（笑）。

もちろん食品用ではないので食べ物に直接つかないほうがいいでしょうし、あくまでも簡易的に使うものなので短時間しか使えないですが、ちょっとしたときラップの代用品になるんです。

この使い道を知ってからは、もっと何かあるはず……と周りを見渡すようになりました。そして、もうひとつ見つけたのが、靴のカバー。刑事ドラマの鑑識役の人の靴にカバーがしてあったのを見て、これはいいなと。雨上がりの庭に降りるとどうしても靴に泥がついちゃうんですよ。でも**シャワーキャップで靴をすっぽり覆っていたら泥よけになる。**もちろん滑りやすいのでアスファルトなど歩くのはおすすめできないですが、防水性もあるしこれは我ながらいいアイデアだと思います。

使い道がないと思っていたシャワーキャップですが、意外とポテンシャルが高いのかも。まだまだ可能性を秘めているシャワーキャップにどんな使い方があるのか、考えるのがすごく楽しいです。

出張先のホテルから持ち帰ってきたアメニティのシャワーキャップ。ラップや靴カバー以外にも、何かいい使い道がないかなって考えています。

余った日焼け止めクリームは掃除アイテムに

1年で使い切ることが難しいのが日焼け止めクリーム。どんなものも最後まで使い切りたい私ですが、何年も前の日焼け止めクリームを顔などに直接つけるのはさすがに気が引けてしまいます。

何か使い道があるのではないかと、まず日焼け止めクリームの成分を調べてみました。すると水や油がベースとのこと。「これは、かなり使えそう」とうれしくなりました。

まず試したのは手についた油性マジックの跡。サインを書くときなどに油性マジックをよく使いますが、気づけば手についていることがあるんです。いつもはアルコールで落としていましたが、**「日焼け止めクリームでいけるのでは？」と試しにちょっとつけて円を描くようにこすってみると、あれよあれよと落ちていく……。やはり油分には油分がきくんですよ。** となると、油性マジックだけではなくクレヨンなどにも使えるはず。ＤＩＹをしたときに手についたペンキもきれいに落ちていました。元々肌に優しいものなので、少量なら体につけるのも問題はなさそうです。

「他にも何か使い道がないかな？」と調べていたら、はさみにテープなどののりがついてしまったべたつきの解消にも効くとのこと。いつもはセロハンテープでペタペタと粘着剤を剥がしたり、アルミホイルを切って切れ味とともにべたつきを解消していたのが、日焼け止めクリームで代用できるならすごくラクな気がします。

とりあえず**日焼け止めクリームをはさみの刃に塗り、数回開閉。そしてティッシュで拭き取れば、いつの間にかべたつきが取れている！　汚れがなくなり新品同様にピカピカ**になるんですよ。これには驚きました。はさみのべたつきが取れるのならと、**コップなどに残ってしまったシールの跡にも塗り込んでみたらこちらも落ちる。**取れないだろうと諦めていたべたつきがすっきり。

成分を知ったら意外と芋づる式に使い道が見えてきた日焼け止めクリーム。とはいえ、早く使い切らないとまた次の日焼け止めクリームが待っている……。できることなら本当の使い方で使い切りたいですが、ゴミとして捨てている方は一度試してみるといいかも。お掃除アイテムの代用品になります。

郵便はがき

105-0003

切手を
お貼りください

（受取人）

東京都港区西新橋2-23-1
3東洋海事ビル

（株）アスコム

この道40年
あるもので工夫する
松本流ケチ道生活

読者　係

本書をお買いあげ頂き、誠にありがとうございました。お手数ですが、今後の出版の参考のため各項目にご記入のうえ、弊社までご返送ください。

お名前	男・女	才
ご住所　〒		
Tel	E-mail	
この本の満足度は何％ですか？		％
今後、著者や新刊に関する情報、新企画へのアンケート、セミナーのご案内などを郵送またはeメールにて送付させていただいてもよろしいでしょうか？ □はい　□いいえ		

返送いただいた方の中から**抽選で3名**の方に
図書カード3000円分をプレゼントさせていただきます。

当選の発表はプレゼント商品の発送をもって代えさせていただきます。
※ご記入いただいた個人情報はプレゼントの発送以外に利用することはありません。
※本書へのご意見・ご感想およびその要旨に関しては、本書の広告などに文面を掲載させていただく場合がございます。

●本書へのご意見・ご感想をお聞かせください。

ご協力ありがとうございました。

シンプルな手づくりバックがアップリケひとつでグレードアップ

手づくりが大好きな私ですが、息子が幼い頃はよく息子のために何かをつくることが大好きでした。「着なくなったジーンズがオリジナルバッグに変身!(P27)」で紹介した鍵盤ハーモニカ入れもそうですが、幼稚園で使う通園バッグもそのひとつです。

息子の通っていた幼稚園の通園バッグはどんな生地を使ってもよかったので、まずは「家にどんな布が眠っているのかな?」と見渡すところから始めました。**ここで大事なのはすぐに買いに行かないこと**(笑)。**何もなかったら買いに行こうぐらいの感覚で、まずは家にあるもので再利用できるものを探すのが〝ケチ活〟をするうえで大事。**そうしたらシンプルな布が家にあったので、それを使ってつくることにしました。

とはいえ子どもたちはお気に入りのキャラクターの布地やマスコットがついている

バッグが大好きなので、シンプルすぎたら持ってもらえない。なので私は、当時息子がハマっていた恐竜のアップリケをつけることにしました。**フェルトでアニメチックな恐竜を型取りアップリケを手づくり。それをバッグに貼り息子に見せると大喜びしていたのを今でも思い出します。基本、お金がかかっているかどうかは大事ではなく、自分だけのもの、自分の好きなものになっていたら笑顔になってくれる。**同じように幼稚園で配られたマフラーと手袋にもフェルトでつくったスパイダーマンの手づくりワッペンをつけました。これもすごく喜び、よく使ってくれていました。

ちなみに我が家には、**手づくりワッペンをつくるためのフェルトをいまだにストックしています。**とくにフェルトは1枚買っても全部使い切ることがほぼないため、少しずつたまっている状態です。あと切れ端がたくさん出てくるのもハンドメイドのあるあるですが、そういった切れ端も全て残すようにしています。**なぜならこれが1センチ幅くらいだけ必要になるなど、いざというときに役に立つ。ゴミになる部分はひとつもない**のが、手づくりのいいところだと思います。

小学校高学年くらいになると手づくりのものは持たなくなりましたが、あの頃は我が家の着なくなった服や使わなくなった布が活躍していました。

フェルトは切れ端も、まだ使えそうで捨てられません。ちなみに、お裁縫セットは息子が小学校のときの家庭科の授業で使っていたものを愛用しています。この中に、何でもそろっていて便利なんですよね。

穴があいた靴下はアップリケや刺繍をしてオンリーワンな一品に

学生時代から裁縫が好きなのですが、これが意外と〝ケチ活〟に生きている趣味だと大人になって改めて感じることが多いです。「着なくなったジーンズがオリジナルバッグに変身!(P27)」では、ジーンズをバッグにアレンジしたという話をしましたが、そこまでの大作でなくとも、もう捨てる段階にきたものを裁縫でアレンジすると息を吹き返すことができます。

そんなもののひとつが靴下です。「『宝探し』のような楽しみがあるスーパーの衣料品売り場(P57)」で洋服に1軍、2軍、3軍があるという話をしましたが、靴下にも当てはまります。3軍はもう穴があきそうなものが属していますが、気づいたら穴があいていたなんてことも多いです。そういうものを見つけると**お義母さんは、「もう捨てたら?」と言うんですが、私はつい裁縫箱を出してきて穴を縫っちゃいます。**さすがにもう1カ所あいたら捨てようと思うのですが、1回くらいなら縫って穴をふさげばまた新たな気持ちで使えるんですよ。まぁ3軍なんで仕事場に履いていくこともないのでそこまで丁寧に縫う必要もないというのもありますが、**この手間は私にとって全く面倒なことではない。それよりも捨ててしまうことへの罪悪感が強いのです。**

あと同じように穴があいたものを裁縫で修復しているものに、息子の中学生時代の制服のセーターがあります。**息子が卒業してからずっと私が着ているのですが、脇がほつれやすいのでほつれてきては縫ってを繰り返しています。**

ちなみにこれらは目立たない部分なので普通に縫うだけですが、たとえば胸元だったり袖周りだったりと目立つ場所だったら、あえてアップリケや刺繍《ししゅう》などを施してオンリーワンのものをつくればいい。一見、誰も穴があいたなんて思わない、自分だけの洋服ができあがるのはうれしいです。

本当にひと手間なんですが、自分の手を加えることで一気に愛着がわくのが面白いところ。ゴミ一歩手前なものばかりですが、今まで以上に大事にしようという気持ちになるので、〝ケチ活〟も悪くないと思います。

お金だけでなく「時間」も節約の対象になる

「穴があいた靴下はアップリケや刺繍をしてオンリーワンな一品に（P76）」で捨てる段階にきたものに息を吹き返す作業を日常的に行っていると言いましたが、自分ではどうしようもできないものもたくさんあります。

今から数年前に実家じまいをしたときに出てきたのがデビュー当時の衣装。40年前の衣装なのでもちろん今の私には着ることができなかったのですが、せっかくプロの方につくってもらった衣装だし、愛着があるので東京まで持って帰ってきました。

念のため着てみようかと思い、背中のチャックを上げてみたけど閉まらない……。このまま保管していても絶対に着ることがないものなのでどうしようと考えていたのですが、思い切ってお直しのプロにお願いして今の私が着られるものにつくり直してもらうことにしました。**衣装と同じようなサテン生地を使って、胴回りを10センチ広げることで今の私が着られるサイズにつくり直しました。お直ししたとは思えないプロのワザでした。**

もちろんお金はかかったのですが、あのまま思い出として家の片隅に眠っているよりも、チャンスがあれば着ることができるものに生まれ変わったほうが、衣装のためにもなるはず。そしてお直ししたことで、いつかどこかで披露したいという気持ちもわいてきました。

同じようにプロにつくってもらったといえば、ドレスと着物でつくったステージ衣装です。中学1年生のときに父親が地元ののど自慢大会で歌うとき用に買ってくれたピンクのドレスをウエストで切断。それに、腰下あたりで切断した母親の着物を組み合わせました。着物をワンピースのように着こなしていた中森明菜さんの「DESIRE」を歌う機会があったのですが、そのときに着られるようにと、あえて個性的な衣装をお願いしました。

色味はパステルカラーなのですが、当時のあの斬新な衣装を再現したくお願いした衣装。これは自分だと絶対につくれなかった一品で、かなりのお気に入りです。ちなみに実際にステージで着たのは1回だけですが、またどこかで披露したいと思っています。

これらの衣装は、自分1人では絶対につくれなかった品々。できあがったものを見ると、「やっぱりプロに頼んでよかった」と思うばかり。**私は〝ケチ〟ですが、このように自分ではできないことはプロに頼むことも多いです。**

その中のひとつにクリーニングがあります。ニットや手洗いができるワンピースなどは自分の手で洗いますが、コートやカーテンといった大物はクリーニングに頼みます。昔、カーテンをバスタブに入れて足踏みして洗ったことはありますが、どうしても家で洗うとなると時間がかかってしまうんですよ。

冬物のコートなんかも、お湯につけ、おしゃれ着洗い用洗剤を入れてもみ込むようにして洗うのを数回繰り返す……。そしてすすいだら形が崩れないように素早く干す。この行程に意外と手間と労力がかかります。一度は自分でやろうかと思ったのですが、「その時間があれば他のことができるかも」と、これはプロにお任せすることにしました。

たとえ自分ができるにしても、ストレスをためてまでやる必要はない。「ケチは楽しく」が私のモットー。忙しい毎日の中で、手軽にできる〝ケチ活〟こそ活力になります。その時間が楽しくなければ〝ケチ活〟をする意味はないんです。そしてプロにお願いすることでお金がかかるにしても、今まで眠っていたものが生き返ったり、自由に時間を使うことができることもあります。〝ケチ活〟として何が大事なのか、選ぶことが一番です。

ドレスのスカート部分と、着物の上半身の部分を組み合わせてつくった衣装。胸下のリボンは、着物の帯をリメイクしてもらいました。

ボックスティッシュは買ったら必ず半分にカット

子どもの頃から当たり前のように教えてられていたのが、〝紙を大事にする〟ということ。これは紙産業が多い四国・香川県という県民性が関係するのか、松本家では当たり前のように常に言われていることでした。

我が家では、ティッシュペーパーは2枚重ねで使うことはまずなく、1枚ずつ剥がして使うのが基本でした。鼻をかむときは、半分に折ってチーンとして、また半分に折りたたんでチーン……を繰り返していくのが松本家流。これを当たり前のようにしていたので、東京に出てきて周りの人が2枚重ねのティッシュを普通に使っているのを見て「まだ使っていない部分があるのに捨てるなんてもったいない」と驚きました。

あとボックスティッシュを購入したら必ずすることがあります。それは、ハーフサイズにすること。まず箱の中からテッシュを束のまま取り出し真ん中からカット。同様にテッシュボックスも中央から2分割します。カットしたティシュの半量を一方の箱の中に戻し、もう一方の箱を差し込み合体。そうすると、正方形に近い形をしたハーフサイズのボックスティシュになるんです。これがすごく便利。

たとえばちょっと口を拭くときなんてポケットティッシュサイズで十分というか。メイクを**ちょっと直すときも同様です。きっとムダなく使えるサイズがこれのはず。そして1箱買ったのに半分に分けているから2箱に。一気に倍になるので、ものすごくお得感**があります。

サイズも小さいのでどこに置いていてもジャマにならないのも魅力的。リビングでもキッチンでも、ミニボックスティッシュは大活躍しています。ただ、毎回切るのが面倒なのがマイナスポイント。この手間だけはどうにかならいかなと思うんですよね。このサイズのボックスティッシュが一般化されることを願っています。

もちろんトイレットペーパーも極力最小限の量で使うクセがついています。私が小学校に上がる前くらいまでは今のようなトイレットペーパーではなく、ちり紙と呼ばれる長方形の紙でお尻を拭くのが当たり前でした。汚い話、1枚取って拭いて、またそれを折りたたんで拭いて……と鼻をかむのと同じ要領で使っていたのを覚えています。これは祖母に教えてもらったのかな？　ちょっとしたテクニックさえ感じるくらい、手際よく拭いていました（笑）。

そのクセは今も変わらず、トイレットペーパーも折り返して使っています。これは家族には聞いたことがないので私だけだとは思いますが、でもきっと他の家と比べて我が家のトイレットペーパーの消費量は少ない気がします。そしてもちろんシングル派。シングルで何も困ったことはありませんから。

ムリして使う量を減らすのは問題外ですが、紙は有限なので、これからも困らない程度に節約していきたいです。

お金のない一人暮らしを支え続けた母がくれたカラーボックス

15歳で上京し、国立にあった事務所の寮に入った私。備えつけの家具があり何も持っていかなくてもよかったのですが、唯一寮の近所で母親に買ってもらったのがカラーボックスです。本を並べたりちょっとしたものを保管したりと活躍していました。

そのカラーボックスは、寮を出て初めて一人暮らしをしたアパートにも、**もちろん持っていきました。家電以外、家具らしいものが何もない部屋で、カラーボックスをときには本棚、ときにはテーブルとして使っていました。カラーボックスはいろんな使い方ができて本当に重宝**するんですよ。

ただ一人暮らしを始めたのは19歳の頃で、私なりにもおしゃれな部屋に憧れがあって……。おしゃれな部屋にするために試行錯誤していました。ちなみにカラーボックスは横置きにし、高さのない部屋を演出。また押し入れは扉を外してすだれのようなロールを取りつけ、今っぽさを出していました。

今考えると、お金がないなりの努力ですごくかわいいんですよ。もちろん部屋は色をそろえたり、家具の雰囲気を統一したりしたほうがおしゃれなのですが、それよりも安さを重視。そのためかなりちぐはぐ感のある部屋だったのですが、どこか一生懸命さが伝わるほっこりとした部屋でもありました。

その後も何回か引っ越しをしましたが、毎回持っていったのはカラーボックス。最終的に、結婚するまでの約15年間大事に使っていました。もちろん母親との思い出もあったので捨てられなかったというのもありますが、それよりも感じたのはかなり耐久性が高いこと。普通の使い方で壊れないのはなんとなくわかりますが、**テーブル代わりにご飯を食べたりしていたのにビクともしなかったのは、さすがです。**

今でこそ、家族と暮らすためにそろえた家具ですが、私の原点は母親に買ってもらったカラーボックス。買ったときはそこまで長いつき合いになるとは思いませんでした。激動の私の人生をずっと見ていたアイテムです。

歯磨きをしながらスクワットをして〃ケチ活〃を

ここまでものを中心に〃ケチ活〃を話してきましたが、実はものだけではないのが〃ケチ活〃。私はもともとせっかちということもあり、時間も〃ケチ活〃しています。

一人暮らしを始めた頃から、仕事や家事で毎日バタバタしていて、「時間が足りない」といつも思っています。そのうえ数年前までは子育てもしていたので、本当に1日が30時間になればいいのにと本気で思っていました。まぁ実際、6時間増えても、全く今までと変わらない動きをしていそうなのが私ですが（笑）。ただ時間を有意義に使いたいという気持ちは昔から変わらないです。

そんな私が、**もったいないと感じているのは歯磨きの時間。手は動かしていますが、基本的には無心で突っ立っているだけ。これは本当にもったいない。**そしていつの頃からか、私は**歯磨きをするとき必ずスクワットをするようになりました。手は歯ブラシを持って動かしているけれど、脚は使える。ここを使わないともったいないですよ。**

とくにこれといったやり方があるわけでなく、普通に足を腰幅くらいに開いて、腰を真下に落とすだけ。それを歯を磨いている間、やり続けています。もちろん歯ブラシを持たずに集中したほうが本来はいいと思いますが、大事なのは習慣づけること。毎日朝と晩の2回、3分程度ですが、きっと体にはいい効果があると思います。山登りが趣味なのですが、意外と健脚なのはこのおかげかもしれないです。

仕事柄テレビをチェックすることが多いですが、テレビを見ながら本を読んだりするのも当たり前。ラジオを聞きながら掃除をしたりと、耳と目、手などの動きはバラバラにしていることが多いです。

こうやって工夫して時間をつくって何か得なことがあったかと言われればわかりませんが、2つ同時にすることで時間が短縮できた！と思えることがうれしいです。もうこうなると本物の〝ケチ活〟病（笑）。でもこれからも、ものだけではなく、時間も大切にしていきたいです。

料理は「何をつくるかではなく、何をつくれるか」を重視する

「〝ケチ活〟はどこから始めたらいいですか？」と聞かれたとき、すすめるのが自分の食事の見直し。意外とムダな食材を買ったりしていませんか？

もちろん使う分量だけ食材をきっちり買えるならいいですが、なかなかそうはいかないもの。使わない食材を冷蔵庫に入れっぱなしで、後日しなびた野菜を発見して後悔したことがある人も多いはず。

とくに〝ケチ活〟をしようと思っていると、どうしてもまとめ買いや1玉買いなど安く買えることに目がいきがちになってしまうんですよ。ただそういったものを使い切れないのも事実で。だからこそフードロス問題があるのだと思います。

私は、昔は料理に合わせて食材を買っていました。今日はハンバーグだからミンチ

と玉ねぎ、明日は肉巻だから牛肉ときのこ、アスパラ……みたいな感じで。ただこれだと、ミンチや玉ねぎが少しずつ残ってしまっても次の日に出番はないんですよ。そうなると冷蔵庫の奥にしまわれて忘れ去られていく。何度もそういう悔しい思いをしたことがあったため、私は思い切ってやり方を変えました。**食材に合わせて料理をつくるようにしたんです。**

たとえば今日がハンバーグだとすると、次の日はミンチや玉ねぎを使うミートスパゲッティ、その次の日は肉団子……といった具合に、数珠つなぎでメニューを考えていく。そうすると同じ食材を使っているのでフードロスが起こりにくく、大量に入っている大袋で購入しても使い切ることができるので、より食費が抑えられます。こんなラッキーなことってないですよ。

あと「連想ゲーム」のようにメニューを考えることができ、工夫や発見があるのも好きなところ。「何の料理にすれば、ムダなく使い切れるか」と日々、ゲーム感覚でメニューを考えるのが楽しくなります。ちなみに**我が家の定番は、カレーの次の日は肉じゃが、その次の日はコロッケというリレー。**これはみんな大好きなメニューなので鉄板です。

そして買い置きをするなら日持ちのいい野菜だけにするのも重要です。我が家では使う頻度も高い、じゃがいもとにんじん、玉ねぎは常にストックしています。もし買い物ができなくてもこれさえあればどうにかなる主婦の強い味方。とくにじゃがいもと玉ねぎは暗所なら1カ月くらいは保存可能なので箱買いをしてもいいくらいです。食べ盛りの子どもがいるなら結構すぐになくなるような気もします。

食材に合せて料理をつくる……。これが〝ケチ活〟のススメだと思います。

フードロスは減らしたいですから、食材が余らないようにメニューを考えています。ちゃんと食材を使い切ることは、ケチ活の基本！

求めている人に届けるために〝手放す勇気〟を持つ

誰も住んでいなかった実家の「実家じまい」をしたときに悩んだのが遺品の行き先でした。祖母は物持ちがいい人で、下着すら捨てていなかったので本当に大変。私自身の思い出の品は東京に持って帰ってきたのですが、ご先祖様の日本刀や古い漆器といった骨董品や日本人形、そして母親の着物や洋服は持って帰ってきても置き場がない……。当時はかなり悩みました。

母親の着物や洋服といった衣類は、今後着るかどうかわからないけれど思い出が詰まっているのである程度は持って帰ってきました。着物はなかなか袖を通すことはできないですが、洋服は着られるものは着ています。

骨董品は「もしかするとお金になるかも？」と地元の骨董品屋さんに買い取りを

お願いしたら二束三文の金額で、これにはガッカリ。古いレコードもたくさんあったので、これは「新宿のレコード買取センターに持っていけばどうにかなるかも？」と思って持っていったら、1枚1、2円しかならず、耳を疑ってしまいました（笑）。ちなみにピアノは買い取り業者さんに取りにきてもらったのですが、たった四千円。買ったときのことを考えたら、かなり驚く金額でした。

こっちの思い込みで、「歴史もあるし、きっと高値がつくだろう」と皮算用していたのでショックは大きかったですが、まぁゴミになるものだと考えたら「金額がついたほうかも」という気持ちもあります。**ゴミとして捨てるなら粗大ゴミ代がかかってしまうので、大量に処分するときは買い取りも視野に入れてみるのもいいかもしれません。**

そして**このとき勉強になったのが、**「ものが多いって考えもの」ということ。**どうしても〝もったいない〟という基準で捨てられなくなっていますが、残された人にとっては何が大切なものなのか判断しづらく迷惑だったりするんですよ。**

そこで改めて、〝手放す勇気〟の必要性を感じました。私自身、意外と割り切ってものを捨てられるタイプではないので、ものを手放すときには〝今あるものを何かに変化させて新しい思い出をつくる〟のが一番。喪失するのではなく、新たなものとしてよみがえらせるせることが罪悪感のないいい方法なんだと思います。

子どもがいる家庭で困ってしまうのが学生服。卒業したら着ることはないのに、思い出が詰まっているから捨てることもできないと思う親御さんも多いはず。ちなみに我が家では、**息子の制服の中でもセーターやワイシャツなどは私の普段着として活躍し**ていますが（笑）、それ以外は処理に困った記憶があります。

そんな声を反映してか、**最近は卒業生の制服を預かり、新入生がそこで買うことができる学生服のリユース団体があるとのこと。**これは本当に素晴らしい！　処分に困っていた人はもちろん、新入生にとっても格安で制服を手に入れることができるので、Ｗｉｎ－Ｗｉｎの関係です。家計を抑えたい人を助ける、幸せのリサイクル。もっと広がっていけばいいなと思います。

〝もったいない〟という思いだけで、使わないものをストックしておくのは、ある意味〝もったいない〟こと。手放す勇気を持ち、取捨選択していくと、誰かの節約を助けることがあると思います。

（上）「実家じまい」をしたときに出てきた、たくさんの古いレコード。買取りセンターに持っていったけれど、1枚1円とか2円……。これは買い取りに出さずに実家に持ち帰った大切なレコードです。
（下）息子が高校生のときに着ていたセーターは、今は私の普段着に。十分着られますから。

第3章

世の中に
ムダなモノ
なんて
何もない

高級料理に化けるほどおいしい食材を タダでいただける田舎暮らし

結婚してから数年は、夫の実家があった、埼玉県の自然が豊かだったところに住んでいたのですが、東京と違い、のどかですごくいい場所でした。畑が一面に広がっていたりきれいな川があったりと、生活が自然と共にあるんです。10代から東京で生活している私にとって、ここで暮らした日々は毎日、発見があって楽しかったです。

とくに記憶に残っているのは、今から23年前の夏の日。夜風に当たろうと、息子をベビーカーに乗せて家族で川沿いを散歩していたら、田んぼの稲にまるでエメラルドの宝石を散りばめたようにグリーン色の光を放っていた蛍の群集を見つけたんです。それは本当に美しく、原風景のように今でも鮮明に覚えています。

またその頃、**よくお義母さんと一緒にお散歩をしていたのですが、そのとき楽しかっ**

たのが野草摘み。もちろん採ってもいい場所に自生しているものですが、せり、よもぎ、さんしょう、ノビルなど、たくさんの野草をいただいていました。**ちなみに私が知らない野草を見つけると「どんな味かわかる?」とお義母さんがいろいろ教えてくれたのも良い思い出。最終的には食べる分だけ摘み、持ち帰って料理にして**いました。

なかでも好きだったのは3月くらいに食べることができるせり。**買うと高級品ですが、埼玉ではきれいな水辺に生えていました。せりは香りが強く、しっかりとした食感が魅力的な食材。**我が家ではすき焼きの春菊の代わりに使うことが多かったです。
またよもぎを見つけたときは、下処理をしてから細かくすりつぶして上新粉と混ぜてよもぎ餅をつくったり、さんしょうで木の芽和えをつくったり、若竹煮にのせたりと、本当に自然のめぐみが食卓を彩る生活をしていて……。お義母さんが料理上手だったのもあったのですが、博識というのも大きかったんだと思います。だって私が道を歩いていても、これが食べられるものなのかそうではないのかなんてわからないですから。

そんなお義母さんも昔、おばあちゃんから教わったらしく、代々知恵を受け継がれているようです。なんかそれもいいなと思います。私がお義母さんから教わったこの知識、息子が受け継いでくれているとうれしいです。

ちなみに私の実家は香川県でしたが、野草を食べたことはあまりなかったです。食べても、つくしやふきのとうくらい。田舎ではあったのですが埼玉とはまたちょっと環境が違ったのかもしれないです。というより、埼玉ほど自然があふれていたところはなかったかも……。5年ほどでしたが、本当にいい場所で暮らせたなとありがたかったです。そしてあの地域に住んでいる方がうらやましいというか。こんなにおいしいものをタダでいただける……。あり得ないことですよ。そしてその場で摘んでいるので新鮮なのも魅力的。あんなにおいしいものはないです。

私は山登りが趣味なんですが、歩いていて目につくのが野草。「なんていう野草かな?」と気になってしまいます。そういうときに、やっぱり欲しいのが知識。きっといろいろ知ったら、これまでとはまた違った新しい山登りの楽しみが増えるはずです。

本で学ぶのもいいのですが、やっぱり実物を見て教えてもらうほうが頭に入ってくるし記憶にも残る。改めてお義母さんといろんなところに行きたいと思いました。

野菜の皮は油で炒めるだけで一品料理に

できるだけゴミを出したくない。〝もったいない〟ことをしたくないと思う私にとって、料理は挑戦のひとつ。できるだけ野菜は端から端まで使い切りたいといつも思っています。

今では大根の葉っぱや野菜の皮などもおいしくいただくことができるようになった私ですが、若い頃は使い方がわからずゴミとして処理をしていたこともありました。今思うと本当にもったいないことをしていたと、あの頃の自分を怒りたいです。

そんな私に皮のおいしさを教えてくれたのはお義母さんです。2人の息子を育て上げたお義母さんは、料理も上手で手際がいいんですよ。結婚してしばらく夫の実家に住んでいたのですが、そこで一緒に料理をしていたら、「え⁉ こんな部分も食べられるんだ！」と驚くことが多かったです。

なかでも驚いたのは、うどの皮。**シャキシャキの食感が特徴的な春の山菜であるうどをなんと、お義母さんは皮までおいしい一品料理に変身させるんですよ。アクをとってから普通に細かく刻んで炒めてきんぴらにするだけなんですが、ちょっと品があってぜいたくな味わいがして格別**です。〝節約レシピ〟ってくるにはもったい！とその当時、強烈に思ったのを覚えています。

それからというもの、野菜で食べられないところはないと思うようになりました。なかでも丸ごと食べられると思うのは大根。皮をむいた本体は煮物などにして食べるのはもちろんですが、葉っぱの部分は細かく刻んで塩もみをしてちょっと味つけをするだけでおいしくなります。それから、あったかご飯の上にたっぷりのせて、かつお節をかけてしょうゆを少したらす。これが夫の大好物なんです。

野菜の皮を細かく刻んで油で炒めてきんぴらにするのが我が家の定番ですが、きんぴらが続くときは細かく刻んでスープにすることも多いです。歯ごたえがあって味わいもある、おすすめの椀物になります。

料理をして思うことは、使い切る楽しさがあるなと。これを「どう調理しよう」「どうやって食べきれるのか?」と考えることが楽しいというか。大抵、ひと手間かけることでちゃんとした一品になるのが面白いです。ただ、一番はおいしさが伴っていること。やっぱり、おいしくないとつくっている意味ないですから。

ただそんな野菜の皮でも私の腕ではおいしく調理できないものもあります。私にとってそれはじゃがいもの皮。硬くて食感が気になってしまうので、きんぴらにもあまり向いていなくて……。ただ捨ててしまうのはもったいないなと思って調べたら、キッチンのシンクの掃除や洗面場の鏡磨きに向いているとのこと。

これはすぐに実戦をしないと!と思い、**皮の内側の白い部分でなでるように磨いたら、あれよあれよと水あかが落ちていく!** これを知ったときは本当にうれしかったです。今まではゴミになっていたものが掃除アイテムとして息を吹き返したんですから。これ以降、カレーライスやコロッケといった、じゃがいもを使う日が待ち遠しくなりました。

こうなってくると気になるのは他の生ゴミになっている食材たち。柑橘《かんきつ》の皮はお風呂に入れて香りを楽しんだりできるのはもちろん、**コンロなどの油汚れを掃除するときに使えるし、卵の殻は肥料に向いていると聞いたので細かく砕いて家庭菜園の土にまいたり**していますが、玉ねぎの皮などはあまり使い道がありません。ここ10年以上、「どうしたらいいんだろう?」と頭の片隅にあったこの問題ですが、**実は最近、解決することができました! それがコンポスト。容器に生ゴミなどを入れておくだけで、微生物の働きにより発酵・分解してたい肥をつくることができるんですよ。**教えていただいたときには、こんな物があるんだ!とすぐに飛びつきました。

よくよく考えてみると、田舎の畑ではよく見る風景なんですよね。おいしい作物を育てるために、土に生ゴミやなんなら動物のフンなども畑にまく。東京に来てから忘れていましたが、ここにきて幼少時代の思い出が一気によみがえってきました。

そして技術の進歩ってすごいと改めて感じました。だって小さな容器に入れておくだけで臭いもそこまで気にせずたい肥がつくれるんですから。そのうえうれしいのは、環境問題に貢献できていると感じるところです。地球という大きな歯車のひとつとして動いているなって。かなり大きなビジョンになってしまいましたが（笑）、なんか自分の楽しさとお得を追求していったらそこにたどり着いた……。これってステキなことだと思います。

コンポストは家庭菜園をしている私にとってすごくありがたいし、ゴミの量が減少する、一石二鳥な存在です。もっと広がればいいですね。そして今から楽しみなのはそのたい肥を使った今年の夏にできる予定のゴーヤ。**私は、毎年〝ケチ活〟のためにゴーヤを栽培しているのですが、その土に使おうと思っています。**果たしてどれだけおいしい実をつけてくれるのか……。ゴミだと思っていたものからまた楽しみをたくさんいただきました。

生ゴミを減らし「ゴミ」ではなく、「循環する資源」に変える〝循環生活〟。そして、たい肥からおいしい野菜を育てる食の循環、素晴らしいですね。

出汁を取ったあとの昆布は「再々活用」までできる！

煮物や鍋をつくるとき昆布で出汁《だし》をとりますが、あの昆布、このまま捨てるのもったいないと思いませんか？　出汁をとったけどまだ使えるし味もする。そんな昆布の使い方をめちゃくちゃ考えていた時期がありました。

そこで考えたのが、**鯛などの「さく」を買ってきて、数時間包んで、かんたんな昆布締めをつくる方法。昆布締めとは昆布のうま味を刺身になじませてより深い味わいにするものですが、それを簡易的につくってしまう感じです。**

そもそも生魚を昆布で巻くのは、うま味を引き出すだけではなく殺菌作用を生かした調理法。一度出汁をとってしまった昆布だとその効果がなく、長時間包んでおくのはあまりおすすめできないですが、夜ご飯の前に数時間包んで冷蔵庫に置くだけなら大丈夫。**（もしかしたら私のおなかが強靭《きょうじん》だからかもしれないので、まねをする場合は気をつけてください）**それだけでもしっかり味が移っておいしいです。

ちなみに我が家では、そうやって使った**昆布を今度は洗って刻んで、しょうゆやみりんなどと炒めて佃煮**にして食べています。

ちょっと調べて見ると、この他にも大豆と一緒に煮物にしたり、みそ漬けにしたりと出汁を取ったあとの昆布を活用したレシピを紹介している人はすごく多いです。みなさん昆布を再活用している。これぞ主婦の知恵だと思います。

同じように出汁を取ったあとの**かつお節も捨てるのはもったいないので、調味料を入れて炒めてふりかけをつくります。だしがらにもかかわらずうま味はたっぷり残っているので市販品かと思うほどおいしく食べられ、夫はこのふりかけが大好き**です。

白いご飯とかつお節のふりかけ……。これだけでご飯何杯でもいけちゃいます。

一見、うま味が取られて役目を終えた昆布やかつお節ですが、うま味はまだまだ残っている。それを最後まで搾りとるように使うのが〝ケチ活〟の役目だと思っています（笑）。

同じように最後まで使い切れるものとしては、**きのこの石突きや野菜の根元、玉ねぎの皮といった野菜くずもあげられます。しっかり洗って煮ることで、スープなどで使える出汁をつくることができます。**

私たちがゴミだと思っているものも実はまだ食べられるものがたくさん。「本当にこのまま捨てちゃっていいの？」と疑いながら使い道を考えていくと、新たなおいしさに出合えると思います。

新聞紙は多種多様な使い方ができる強力なアイテム

昔と違って新聞を購入している人はかなり減っていると聞きますが、我が家ではずっと新聞をとり続けています。もう長いこと、毎朝新聞を読むのが習慣になっているということもありますが、新聞紙はすぐれた〝ケチ活〟のアイテムだと思っているからなんです。

もちろん同じ内容を電子版で読むこともできるし、テレビなら映像つきでニュースを放送している、なんならネットを見ればいち早く情報を得ることができる今、「新聞をとる意味って何？」と聞かれたらすぐに言葉が出てきません。ただ私は新聞の、いや新聞紙のすばらしさをたくさん知っています。

「粉末洗剤と新聞紙は湿気取りに大活躍（P42）」などでも紹介しましたが、新聞紙は除湿効果があるため、靴箱や押し入れといった湿気が発生しやすいところに置いておくと大活躍します。それと同時に、**実は保温・保湿効果があるのも新聞紙。程よく水分を逃し、みずみずしさをキープすることができるため、葉物野菜を保管するときに便利**なんです。

とくに冬場は白菜を丸ごと1個買うことが多く、冷蔵庫にそのスペースをつくることができないのですが、**そんなときは必ず新聞紙に包んで暗所やベランダなどに置いています。水分量を調整してくれるのか日持ちもして、凍って繊維が破壊される心配も少ないので安心です**。

もちろん冷蔵庫で保管するときも基本、包みます。白菜は軽く湿らせた新聞紙で包むだけで、冷えすぎを防ぎ、水分を適度に吸収してくれるので長持ちするんです。

実は同じ新聞紙を使うにしても、野菜によって濡らすか、乾いたままで包むかが変わってきます。乾燥に弱い葉物野菜は濡れた新聞紙で包むと水分調整をしてくれ、にんじんなど水分が苦手な野菜は乾いた新聞紙で包むことで水分を吸収してくれます。

これ、間違って使うと野菜を腐らせてしまう可能性が……。野菜の特性を調べて使うことが大事です。

あと定番ですが、窓拭きに使うこともあります。水で濡らした新聞紙で拭けば窓ガラスの汚れが取れてピカピカに。どうもインクに秘密があり、油分を含んでいるためそれが洗剤の働きをして汚れを落とすらしいです。そして使い終わった汚れた新聞紙は捨てられるのもうれしいところ。新聞を読み終わったらすぐに窓ガラスを拭くことを習慣づけたら、いつでもきれいな窓をキープできます。

それ以外にも**脱臭効果があるので生ゴミの処理をするときに使用したり、水を張ったお風呂に広げて湯あかを取ったりと、とにかく〝ケチ活〟で使える新聞紙**。

もちろん情報を仕入れることができるという本当の役割がありますが、それ以外にもいろいろ活用できるのは昔から変わらず魅力的。我が家ではまだまだ生活の大事なアイテムです。

豆苗やネギなど捨てる部分から新たな芽が育っていく

最近では定番になってきた豆苗の栽培。あれ、私が子どもの頃にはなかった文化です。もちろん中華料理屋さんで食べたことはありましたが、まさか自宅で栽培できてそれも二毛作もできるなんて！　初めて知ったときはすごくうれしかったです。

野菜のヘタや根元などを水につけて育てて再利用することを〝キッチン菜園〟なんて言うらしいですが、そんなおしゃれではないですが私もやっています。

その中での一番メインが豆苗。**葉と茎を収穫したあと、残った根を水につけていると再び芽が伸びてきてまた食べられます。**おおむね2回が基本的な収穫頻度とのことですが、我が家は3回まで栽培。回数が増えるにつれて伸びが弱くなってくるのですが、水をこまめに替え、日当たりがいい場所に置いているからか、3回目まではきちんと味もして食べることができます。すごくお財布にやさしい野菜です。

水耕栽培ではないですが、**ネギも食べ終わった根元の部分を土に挿しベランダで育てています**。思った以上にすくすくと育つので、薬味として大活躍。わざわざ買うのはちょっと……というときにぴったりです。私は土に挿して育てていますが、調べてみたら豆苗と同じように水耕栽培もできるよう。すごく気軽にできるのでうれしい限りです。**ちなみにネギを使い切れないときも私は冷蔵庫に入れずに、土に挿して保管**しています。そのほうが長持ちするような気がして……。土のパワー、絶対あると思います。

これら以外にもおしゃれな人はハーブ類を育てたり、にんじんのヘタを水耕栽培してにんじんの葉っぱを育てたりと奥が深い〝キッチン菜園〟。普通だと捨ててしまう部分から新たな芽を出していく姿は、自然の力強さを感じるとともに、かわいくもあって愛着がわいてきます。お得な気持ちももちろんありますが、どこか心を温かくしてくれるのも憎いところ。野菜の根元を捨てる前に、一度、育ててみてはいかがでしょうか。お得感と心の充実、どちらももらえます。

代々教わっている〝生活の知恵〟は更新も必要

その家で代々、受け継がれている「生活の知恵」ってありますよね。

松本家でも行っていた新聞紙で窓拭きをするといった知恵は、王道のひとつ。松本家は代々節約家ぞろいで、私も子どもの頃から、祖母と母親が当たり前のように生活の中に節約術を組み込んでいました。

なかでも、定番なのが米のとぎ汁の活用法。**米のとぎ汁には脂質やデンプン質の他、サポニンという物質も含まれているため、昔から食器を洗うのにすぐれていると**言われています。ご多分に漏れず、我が家も昔から、食器を洗うときのつけ置き洗い用の水として活用してきました。

使った食器をとぎ汁が入った桶の中に入れて汚れを浮かしてから洗剤を使って洗う。それだけで洗剤の量が減らせます。

その教えは今も変わらず、我が家でも米のとぎ汁は洗い物のときに大活躍。私はつけ置き洗いというより、汚れを落とすときの水として使用することが多いです。

お米をといだあと、一度ペットボトルにとぎ汁を入れて、まず汚れを落とすときに少しずつ出して使い、再び洗剤を流すときも使って最後は水道水でさっと洗い流す。

これで水道水の量を極力減らせるので、お米を炊いたときはチャンスです！

ちなみにパスタのゆで汁にもサポニンが入っているため、同じような使い方ができます。夕食がご飯ではなくパスタだったときでも変わらず洗い物で活躍できるのはうれしいですよね。最近は無洗米を使うご家庭も増えていて「うちは、とぎ汁自体がないよ」という場合も、パスタをゆでたときはチャンスです！

また、パスタのゆで汁は排水口の掃除にぴったりです。油汚れやぬめりを落としてくれるほか、温かいまま使って掃除をすると、殺菌効果もあるのでかなりきれいになります。

この他にも**米のとぎ汁は、スプレーに入れてフローリングに吹きつけて拭き掃除に**

使うこともできます。洗い物でも発揮していたように汚れを落とす力があるうえ、フローリングのつや出しにも使えてかなり便利。子どもやペットの口に入ってしまう恐れがあるから洗剤を使うのを控えている家庭も、これだったら安心して使えます。

ただ昔からやっていることでも、それが正しいとも言えないのが難しいところです。私が子どもの頃はお米のとぎ汁を植物に与えていましたが、近年では植物にとってあまりいいことではないと言われています。どうも米のとぎ汁が土に流れると発酵が始まり、土の中の窒素を奪ってしまうらしい。私はそれを知ったときはかなり驚きました。

自分の中で当たり前になっていることも、新しい情報があれば、更新していくことが大事。その時代に合ったやり方や発見がたくさんありますから。〝ケチ活〟は日々の更新があってこそ続けられると思います。

気分に合わせてチョイスした紙袋をサブバックとして活用！

本来は一度きりしか使わないはずのものでも、私にとっては何度も使える魔法のアイテムと言うものは意外とたくさんあるのですが、そのひとつが紙袋。実は私、紙袋大好き人間なんです。我が家でストックしている紙袋は常時100枚を超えます。

紙袋と言っても、お菓子が入っていたものから高級ブランドメーカーのもの、デパートの紙袋などさまざまあるのですがどれも個性があって、見ているだけで笑顔になれるんです。

そんな紙袋を私はサブバッグとして日常使いしています。**近所のスーパーに行くときは小さめの紙袋にお財布とスマホを入れていきますし、仕事があるときは小さめの**

バッグとともにA4サイズほどの紙袋を持ち、その中に資料を入れたりしています。また名古屋や大阪など地方の仕事のときもマチがある紙袋を忍ばせておいて、現場でいただけるお弁当などを持って帰るのに使ったりします。紙袋って本当に便利なアイテムなんです。

「なんで普通のバッグやエコバッグを持たないの？」「普通のバッグのほうがエコじゃない？」と言われるのですが、**何度も繰り返し使え、汚れたら捨てられる紙袋のほうがエコ**な気がしています。紙袋は1度使ったら捨てる人が多いと思いますが、私は破れるまで使い続けていますから。**私にとって紙袋は、〝消耗品のエコバック〟**。

そして何より、紙袋によってサイズも絵柄も違うので、そのときに合ったものをチョイスできるのも魅力的。用途に合った使い方ができるし、飽きがこないんですよね。ちなみに同期の森尾由美ちゃんは、紙袋をブックカバーにしているらしいです。私はやったことないのですが、いいアイデア！　丁寧な暮らしという気がします。

それから我が家でストックしている紙袋はサブバックとして使うだけでなく、何かを発送するときに使ったり、整理整頓するときにも使ったりしています。ただ、ありすぎても困ってしまうので、使わないものはゴミ袋として活用し、数を調整してベス

デパートのもの、お菓子を買ったときのもの、化粧品メーカーのもの……。さまざまな紙袋をストックしています。ひとことで紙袋といっても、マチの広さ、丈夫さ、質感もそれぞれ違うので、用途によって使い分けています。

トメンバーをそろえている感じです。

ブランドものの紙袋は、自分では買わないので、プレゼントでいただいたときのものばかり。見栄えがいいので人にちょっとしたものを渡すときに大活躍しています。そして紙質もかなりいいのでヨレヨレになる心配がありません。和菓子を入れていた紙袋は丈夫なのが特徴。とくに**羊羹《ようかん》が入っていた紙袋は、重いものを入れても破れることがないので、書類や本などを持ち歩くときにぴったりです。デパートの紙袋もある程度の重さに耐えられますが、基本洋服などを入れるときやお弁当など汁が出てしまう可能性があるものを持っていくときに使っています。**

そんな紙袋を、「最上級」「上級」「普通」とランクづけしています。「最上級」は高級ブランドのショッパー、「上級」はデパートや和菓子屋さんなどのしっかりした紙袋、「普通」は少し薄めだったり防水加工がされていない紙袋が当てはまり、人に袋のまま渡す場合は「最上級」か「上級」を、自分が使うときは「普通」をといった感じに使い分けています。しっかりしていて使い勝手がいい中級や普通は、ご近所にゴーヤをお裾分けするときにも大活躍です。

そして保管するときはさらに大中小とサイズごとに分けています。これらの分類がきちんとできていると、いざ使おうと思ったときに便利なんです。

昔は買い物をしたら必ずといってもいいほどもらえましたが、今では1枚10円などお金がかかるようになり、以前より紙袋をもらうことが減ってきているような気がしています。ただその分、紙袋を愛おしいという思いは強くなりましたし、より大事に使うようになってきている気がします。

ちょっとした気分転換やオシャレにもなる〝消耗品のエコバッグ〟。これからどんな出合いがあるのか楽しみです。

第 4 章

人と話すと
節約の知恵が
降ってくる

困っていることを話すと周りの人は助けてくれる

よく「いつから節約しているの？」と聞かれますが、私が本格的に〝ケチ活〟に目覚めたのは19歳の頃。当時はお仕事もほとんどなかったのですが、国立の事務所の寮がなくなることになり、同じ事務所の先輩を頼って東京23区で一人暮らしを始めました。当時の生活はかなりキツキツで。5万円の家賃を払ったら手元に残るのは数万円で、ムダな買い物は何ひとつできない毎日でした。

今思うと、絶対一人暮らしなんてできない金額なんですが、当時はそれなりに過ごしていけたのは周りの人のサポートがあったからこそ。なかでも19歳のときにライブの演奏でお世話になったバンドさんには、一人暮らしを始めるときのさまざまなものをいただきました。ドラムさんからは引っ越しで買い替えるからと家電を、ベースさんからはご結婚するので一掃するからと、一人暮らし用の家電や家具をいただいて……。本当によくしていただきました。本当にありがとうございました！

当時はまだ主流だった二層式洗濯機をもらってアパートの外に設置をしたときは、すごくうれしかったのを覚えています。ようやく一人暮らしが始まった！という気持ちになって洗濯機を回してみようと思ったら、水を入れることができない。どうも二槽式洗濯機は短いホースが別途必要で、これがないと洗濯することができないんです。

仕方がないと近所の金物屋さんにホースを見に行ったのですが、必要なのは20〜30センチほどなのに1メートルからしか売ってもらえず。お金もないというのもありましたが、どうしても半分近くホースが残ることがイヤで、結局買わずに帰ってきました。ただ家に帰ってきたはいいものの、何もできない現実だけが……(笑)。外を見ながら「どうしたらいいんだろう」と困り果ててしまいました。

ちなみに私は古いアパートの1階に住んでいたのですが、お隣には一軒家があり、おばあさんが住んでいました。ふとお隣さんの家の庭を見たら、**庭に水やりをするホースがあったんですよ。リールにきれいに巻かれていて、数メートル、もしくは数十メートルある感じで。私は「これだ！」と思いました。**すぐにおばあさんに話しかけ、30センチほどのホースを譲ってもらえないかとダメ元で頼んでみました。

今考えるとずうずうしいお願いですが、おばあさんはすごくいい人で、「いいわよ」とすぐにはさみを持ってきてホースをカットしてくれて。本当にありがたかったです。

その後、せっかく洗濯はできたけれど、家に物干し竿がないことにも気づきました。まぁこれも買ってくればいいのですが、それさえもケチりたい私は、**家の目の前にまで伸びてきていた隣の家の大きな柿の木の枝を物干し竿にできないかと思い、**またもやおばあさんにお願いをして……。そうしたらそれも快諾してくれたんですよ。なので**しばらくは柿の木の枝は私の物干し竿になっていました。最終的には数カ月後に剪《せん》定されてなくなってしまったのですが、引っ越ししてすぐのお金がない時期を支えてくれたのは隣のおばあさんだったことは間違いなかったです。**

今思うと、私になんでそこまで行動力があったのかナゾで（笑）。10代だったというのもあり、怖いもの知らずだったんだと思いますが、そんな私の話を聞いてくれていろいろ助けてくださったおばあさんは本当に神様のような存在でした。

私は昔から人と話すのは好きなほうなので、なにか困ったことがあったら口に出す

ことが多かったです。そうするとありがたいことに、結構みなさんが助けてくれるんですよ。助けてもらうことが目的ではないですが、すごくありがたいことです。そんなご厚意に甘えての50数年。本当に人ってやさしいと思います。

ちなみに一人暮らしを始めてすぐの頃は、仕事もなくてお金もない、でも時間だけはある……という暮らしをしていました。そんな時期に頼りにしていたのは中山秀征さん。厳密に言うと、私のほうが年齢も芸歴も先輩なのですが、中山さんのほうが売れていたのでスターだったんです。中山さんもデビュー当時は、事務所の同じ寮に住んでいたのですが、すぐに売れて私より先に一人暮らしを始めていました。

その後、私が一人暮らしを始めた場所は中山さんのご近所で、道で会うなんてことも少なくなかったです。ちなみに私は、中山さんが大体この時間に帰って来るというのを知っていて、お金がないときは偶然を装い、バッタリと出会ったふうに見せてご飯に連れて行ってもらったりしていました（笑）。そして帰りに「夜道があぶないから、これでタクシーに乗って帰って」とくれる５００円を握りしめて家にダッシュで帰っていたのもこの時期です。あの５００円は私にとってかなりありがたいものでした。

年齢も重ねて改めて感じるのは、本当に私は人に恵まれているなということです。

二槽式洗濯機をくれたバンドさんも、家電だけではなく食器棚やパイプの折りたたみ式ベッド、ガラステーブルといった家具など本当にいろんなものを譲ってくれたし、バンドさんがいなかったら絶対に一人暮らしはできなかったと思います。そしてお隣のおばあさんも、何者かわからない私のずうずうしすぎる願い事を聞いてくれて。普通、そんなことしてくれないです。ちなみに、私の初めての一人暮らしをずっと支えてくれたラーメン鉢も国立寮の寮母さんからいただいたものです。寮を巣立つアイドルたちにラーメンどんぶりを贈る伝統があったのですが、それのときのどんぶりが当時の私の唯一の食器でした。

そんな人たちと出会って、話していることで、はたから見たら苦しい生活でも楽しいと感じていました。もしこれが単なる苦しい思い出だったら私は今、〝ケチ活〟をしていなかったかも。〝ケチ活〟は楽しくてお得という気持ちはこの時代のおかげだと思います。

ゴーヤのグリーンカーテンのおかげで夏でも快適な室温に

家庭菜園につくったゴーヤが葉っぱを茂らせて、部屋の窓がちょっとしたグリーンカーテンで覆われるようになったら我が家の夏の訪れ。もちろん、ゴーヤの実もびっしりとなっています。

私はもう10年近く、家庭菜園でゴーヤをつくっています。

最初につくろうと思ったきっかけは、テレビの取材で群馬県に住む節約家のおじいさんにお話を伺いに行ったこと。いろんなお話を伺ったのですが、「緑のカーテンはいいよ。とくにゴーヤはおすすめ」と教えていただき、私もつくろうと思いました。

直射日光をさえぎるグリーンカーテンは夏場、部屋の温度が上がるのを抑えてくれるとのこと。暑がりの夫がいる我が家にはぴったりです。

実際にゴーヤを育ててからは、どんなに暑い日でもクーラーの設定温度が27度で平気。これは、グリーンカーテンの効果では？と思っています。最近は電気代が高くなってきているので、少しでも電気代を節約するには向いているかもしれません。

日当たりがよく、風通しのいい場所が最適とのことで、家の小さな庭の土を耕し、土をつくるところから始めました。ホームセンターで苗を買ってきて植え、支柱とネットを用意して、つくりたいカーテンのサイズまで広げて窓際に設置。あとは、ゴーヤのつるが成長してきたらネットに絡めていけば自然と伸びていきます。最初は初心者の私でもできるのか不安でしたが、**毎日、水やりをするなど基本的なことを抑えていればOKとのこと。虫がつきにくいのと、暑い時期でも枯れにくいそうで、初心者でもかなり育てやすい**ようです。

家庭菜園では、いろんな作物を選べますが、〝ケチ活〟視点から言えば、ゴーヤから始めるのは最適。私でも簡単につくれましたから。

実際に植えたのは5月最終週あたり。いつの間にやらどんどんと育っていき、8～9月中旬の収穫時は、かなりの数のゴーヤがとれました。おじいさんがおっしゃっていたように、本当に初心者でも簡単につくれるんです。そして私がしていたことといえば、毎日水をあげたぐらい。それでこんなに実がなるなんてうれしい限りです。

それから毎年、5月ごろに298円くらいの苗を3つ買いに行き、必ず育てるようになりました。**ちなみにこれまでで一番たくさんとれた年は90本。昨年は60本近くとれています。**大きさも長さ25〜26センチとかなり大きいほうで、味は変わらず独特の苦みがあっておいしいです。

実はゴーヤには種類が多く、苦味が少ないものや、グリーンカーテン向きのものなどさまざま。我が家も一時期「ほろにがくん」という苦みが少ない品種を植えていた時期もあったのですが、やっぱり苦みがあったほうがいい！と今では「にがうりくん」一択になりました。そのように紆余曲折するのも楽しいところです。

ゴーヤはひとつの苗からかなりの数が収穫されることに感動します。だって、1本130円くらいだとしても、60本なので7800円もお得ですから。もちろん、苗代や初期投資のネットや支柱などもろもろ経費はかかっていますが、それでも絶対につくったほうがいい。私の〝ケチ活〟ライフには絶対に欠かせないものになりました。

ちなみにこれまでは平均80本くらいはとれていたんですが昨年は60本。気温などもあると思いますが、収穫数が少なかったのはもしかしたら土の栄養が足りていなかったからかもと考えています。でも今年からは、「野菜の皮は油で炒めるだけで一品料理に（P101）」で書いたようにコンポストを導入したのでそれも解決するはず。今年はいつもよりもっとたくさんの実をつけてくれると信じています。生ゴミがいい土をつくっておいしいゴーヤが育つ……。最高の循環だと思います。

そうやってできたゴーヤはゴーヤチャンプルやおひたしやぬか漬けなどにして食べることが多いです。苦みがクセになって私とお義母さんは大好きなんですが、夫と息子は少し苦手みたい。それがもったいないんですよ。でも余らすのはもったいないと、ご近所の方やお友だちにお裾分けをしたりしています。そのときはもちろん高級ミニ紙袋で（笑）。それも喜ばれるのがすごくうれしいです。

家庭菜園は、同じ土に毎回同じ収穫物を植えるのではなく、違う種類の苗を植えたほうが良いらしいんです。つまり二毛作がベター。その話を聞いてから、**夏だけというのはもったいないと思うようになり、冬場は春菊を栽培しています**。こちらも種をまいて水やりをして害虫駆除するくらいで、そんなに難しくないので始めました。収穫時期にはおいしそうなやわらかい葉っぱをつけるので、おひたしにしたり鍋に入れたりして楽しんでいます。

実は**春菊、茎の途中で切りとって収穫をすれば、再び芽が出て新しい茎葉《けいよう》が茂ってくるんですよ。**つまり、一度きりではなく長い期間収穫できる野菜。これを知ったとき、春菊を選んでよかったと思いました。ゴーヤと春菊以外にも、ミニトマトはチャレンジしたのですが、収穫量が少ないのであまり私の好みではなく……。1年やってみてそれ以降は手を出していません。でも初心者でも簡単につくれるものなら今後もチャレンジしたいと思っている今日この頃。夏前にスナップエンドウをつくるのもいいな、なんて考え中。ホームセンターに行ったり、いろいろ調べるのがすごく楽しいです。

取材先で出会ったおじいさんに教えてもらったゴーヤの栽培。そこから家庭菜園の面白さに気づき、さらに〝ケチ活〟がはかどっている気がします。そして今思うのは、あのとき教えてもらったことをすぐに実践してよかったなと。教えてもらってもタイミングが合わなくてできないことはたくさんあるので。気になったことはなるべくやるようにしたほうがいいなと、改めて感じました。人生タイミングですから！

すくすく成長したゴーヤが、窓一面を覆うグリーンカーテンに。そして、たくさんの実をつけてくれるので、我が家の夏はゴーヤ料理三昧。もう10年以上続けていますが、チャンプルーはもちろん、おひたし、天ぷら、肉詰めなどいろいろな料理に使えるから、毎日食べても飽きません。

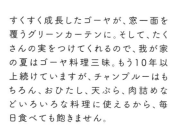

ご近所さんとゴーヤとバジルを物々交換

家庭菜園でゴーヤをたくさんつくっているという話をしましたが、どうしても**全部を食べきれない。そんなときはご近所のおばさんと物々交換**をして楽しんでいます。

その方は〝バジルおばさん〟と呼ばれているのですが、家庭菜園でバジルを栽培しています。なぜかご自身では食さないらしいのですが、かなりたくさん栽培しているようで、よくお裾分けをしてくれます。

バジルはパスタに入れたりして食べますが、いつもふんだんにトッピング！　とにかく香りがいいし、これだけで〝よそ行き〟の味になるから不思議。家で食べるパスタが何倍もおいしくなります。

でもよくよく考えたら、私はスーパーでバジルを手に取ったことはないかも……。だって、少量でもなかなか高価ですから。もちろんイタリアンレストランで食べたことはありますが、それ以外だと私の食べたことのあるバジルは〝バジルおばさん〟からもらったバジルだけかも（笑）。こんな貴重な体験をさせてくれるのは本当に面白いです。まさかゴーヤをつくっているときにそんなことを考えたりしないですから。

バジルおばさんをはじめ、**何気ないものを交換したり共有したりできる人たちの存在はすごくありがたいです。**それこそ息子が子どもの頃はそういう人と人のつながりを感じることが多かった気がします。

たとえば、子どものおもちゃ。1年も経たずに飽きてしまい新しいものが欲しくなるため、先輩の子どもが遊んでいたものを息子がもらい、それをまた夫の俳優仲間の息子さんにお譲りするなど、おもちゃのリレーが行われていました。それは子ども服も同じで。そうやってつながっていくのはいいなと思います。

都会ではご近所づき合いがなかなかできないのですが、家庭菜園というきっかけで人とのつながりが感じられる瞬間が多々あります。**物々交換でものがもらえるだけではない、何かもっと温かなものをもらえた気がします。**

お義母さんとなんでも共有して〝ケチ活〟をまい進

32歳のときに結婚した私がお義母さんと出会って25年以上。お義母さんは誰よりも私のことをわかっているよき〝ケチ活〟パートナーです。

お義母さんは大学も卒業している良妻賢母。美人だし、おしゃれだし、料理の腕前はプロ並！　私は夫より、お義母さんにほれて結婚したような気がします（笑）。この人と家族になりたい！って。ちなみに、私との年齢差は19歳。だから、母というより、何でも話せるお姉さんのような存在でもあります。

とはいえ、一緒に住むことになった当初は、やっぱりお互いに遠慮があったと思うのですが、2、3年と過ぎていつの間にか本当の家族になっていった気がします。

そんなお義母さんを驚かせたのが結婚して2年ほど経ってから。当時洗濯係だった私は、みんなの服がおしゃれだと気づいたんです。なかでもお義母さんは東京生まれ。東京育ちで、洋服のセンスも格段によくて、下着さえもすごくきれいでかっこいいんですよ。それを見ていて私はちょっと拝借したい気持ちになり、まぁ1枚くらいいいかなと借りることにしました。まぁすぐに返せばいいかなと。そうしたら「私の下着が1枚少ない気がする」と相談されて（笑）。ここは正直に、「実は欲しくなってしまいました。共有してもいいですか？」と謝りながら提案しました。

そしたらお義母さんは「えっ⁉」という顔になって（笑）。もうめちゃくちゃ引いたんだと思います。そのあとに出た言葉は「返さなくてもいいです。もうあげます」。なんか申し訳ないなと思いながらももらっちゃいました。

この話をすると多くの方が驚くのですが、私にとってはそこまで驚くことではなく。よく姉妹で靴下やキャミソールといったインナーを共有するような感覚に近いと思っていました。ただお義母さんはそうは思わなかったみたいで、靴下やインナーを共有することもありますが「下着だけは……」と言っていて。どうも、そこは最後のとりでのようです（笑）。

ブラジャーも気になったりするのですが、これは私とサイズが違うので手が出せない。となるとやっぱりパンツはできることなら共有してほしい（笑）。今もおしゃれな下着を見かけたら、「これもらってもいいですか？」と聞いていますが、最近では見かねてか、すごくおしゃれな下着を買ってくれるようになりました。私はお義母さんのお古でいいのですが、本当にありがたいです。

下着は共有してもらえないですが、服はよく借りています。テレビに出演するときもですが、ちょっとおしゃれな服を着たいときは、ひと言声をかければＯＫ。女兄弟がいなかった私にとって、お義母さんはやっとできた姉妹のような感覚です。

そんな私の話を聞いて、「嫁姑、仲がいいんですね。仲のいい秘けつはなんですか？」と聞かれるのですが、私には嫁いだ瞬間から壁みたいなものはなかったです。なので、仲がいいとか悪いとかではなく、もう本当の家族というか。心がつながっていて、いつも裸のつき合いをしている感じです。ちなみにお義母さんとは下着のことを言い出す前から服などを共有することは多々あって、そういうところから仲良くなっていったのかもしれないです。ひとつのものを2人で楽しめるってすごく幸せですから。**ものを共有することが仲良しの秘けつ**なのかもしれないです。

あと一番大きいのは、**お義母さんも節約家なので感覚が同じなんですよ。**「高級料理に化けるほどおいしい食材をタダでいただける田舎暮らし（P98）」でも紹介しましたが、野草のおいしい食べ方など〝ケチ活〟をするうえでかなり重要な情報をたくさん教えてくれる、私にとってかけがえのない存在になっています。

ただひとつ違うのは、**私は2千円の服をたくさん買いたい派ですが、お義母さんは5回我慢してでも1万円の服を買いたい派ということ。それもブランド品とかではなく本当に上等なものを買いたい派です。自分の気に入ったものなら長く使えると常に吟味を重ねているらしいです。どちらも〝ケチ〟ではあるのですが、価値観がちょっと違う。そのバラバラな感じも面白いですし、だからこそうまくやっていけている気もします。**だってケンカなど一度もしたことがないですから。常に甘えっぱなしです。

〝ケチ活〟をするうえで、いいパートナーと出会うのはすごく重要な気がします。私にとってはそれがお義母さん。これからもたくさん情報を交換していきたいです。

アルミシートのおかげで寒い冬でも暖かく過ごせる

仕事場でいろんな方とお話をするのが好きですが、盛り上がるのはやっぱり〝ケチ話〟。この情報知っている?みたいな話を、〝ケチ〟が好きなメンバーで話しています。なかでもいろいろ情報を教えてくださるのは、「ゴゴスマ〜GO GO!Smile!〜」(CBCテレビ系)の司会の石井亮次アナウンサー。9年ほど一緒にお仕事をさせていただいていますが、面白い情報をたくさん持っているんですよ。

興味深いと思ったのは、ホームセンターなどで売っているアルミシート。**アルミシートは断熱性のものと遮熱性のものがあり、冬は断熱性のものを窓に貼って暖かく、夏は遮熱性のものを貼って涼しく過ごすことができるそうです**。窓全体に貼らなくても、下部分に少し貼るだけで効果はあるようなので、いつか試してみたいなと思っています。ちなみに息子の部屋は、寒いというので緩衝材のプチプチを窓に貼っていたことがあるのですが、それと同じような効果があるのかな?と思っています。

また断熱性のものを床に敷くと地面からの熱を吸収するらしいです。寒い冬、とくに一軒家は床から冷えてくるのでぴったりな気がします。これで暖房費を少しでも下げることができるなら……ありがたいです。


どんなに興味がある話題でも、自分1人だとどうしても情報は集まりにくい。もちろんネットなどで情報は山のようにあるのですが、やはり身近な人が体験した話だと説得力が全然違うというか。とくに節約術のような体験をして感じることが大きい題材については、ぜひたくさんの人と情報交換をすることをおすすめします。

そして話しているとそこでアイデアも浮かんでくるので、一挙両得のような、なんか得した気分になります。とくに石井さんは情報番組のMCなので、話ししていて教えてもらうことばかり。そのうえちょっと前までは1000円の腕時計、マイカーは軽自動車と、驚くほど節約家で、まねしたいと思うことばかり。さすがなんです。

そうやって教えてもらったことを実践したら、その効果をまた話して……。私たちの〝ケチ活おしゃべり〟はとどまることはない気がします。

やかん派の我が家には電気ポットは不要!?

一番身近で抑えることができるのが光熱費。使っていない部屋の電気を消す、電源タップは、電源のオン・オフがついたものにするなどは当たり前ですが「もっとできることは何?」と、光熱費が上がったというニュースを見ては考え続ける毎日です。

先日、知り合いと「電気ポットを使っている?」という話題になりました。どうも話を聞いていると、「電気ポットは常に電気を入れっぱなしだから電気代がかかるのではないか?」とのこと。それを聞いていて、お茶を飲みたいときにお湯を沸かすやかん派の私は、どちらがお得なのか、気になってしまいました。

調べてみたら、電気ポットは沸騰時の消費電力が大きく、再沸騰などを繰り返すとそれなりかかるようです。対してやかんはわかすときにガス代はかかります。そして、保温がないのでわかす回数が多ければ多いほどお金がかかってしまう。

大家族で生活習慣が異なっていれば再沸騰をあまりしないポットのほうがよく、お茶を飲むタイミングなどを家族で合わせている一家はやかんのほうが向いているみたいです。我が家はお茶を飲むタイミングは同じなのでやかん派で正解のよう。どうも自然とお得なほうを選んでいたみたいです。

いろんな人の話を聞いていると、意外とみんな〝ケチ活〟をしているんですよ。たとえば、**冷凍庫は中身をいっぱいにして温度上昇を防いでいる**など、「そんな方法もあるんだ」みたいなことが多くて、聞いているだけで面白いんです。なかには、電気の契約アンペア数を下げている、なんて猛者もいて。話を聞くたびに驚くばかりです。

ちなみに私は、冷凍庫をものでいっぱいにするのはできそうだと思い、実践しています。きのこ類やゆでたほうれん草などの野菜、肉・魚類はもちろん、多めにつくったミートソース、ぎょうざ、ハンバーグ、食パン、納豆……なども冷凍。冷凍しておけばムダなく使い切れるし、使いたいときに必要な分だけ取り出せて便利です。

人と話して節電について考え、調べていくと初めて知ることもたくさんあります。改めて知る努力って必要だなと思います。

「自分のロケ弁」を持ち帰るのは節約&フードロスを減らすため

生活をしていて削ることが難しいのが食費です。私は初めて一人暮らしをしたとき、1日で使える食費は千円と決めていました。その中で3食をひねり出して暮らしていました。その頃よく食べていたのが、実家から送ってもらったご飯の上に塩こしょうをかけたツナ缶とマヨネーズをのせるツナ丼。当時はきちんとした料理をつくれなかったということもあり、できるだけ安いものを買ってきて、おいしくアレンジすることばかり考えていました。

結婚してからは料理のレパートリーも増え、効率のよい買い物をして、フードロスを減らし、食費を下げることができるようになりました。野菜なども旬を知るようになり、この時期だとこれが安い、そうなるとこの料理とこの料理がつくれる……みたいな感じで。ここでも助けてくれたのは知り合いからの情報です。**「今日はあのスーパーで大根が安いよ」みたいな話が入ってきたら即買いに行って。〝情報が世界を制す〟というのは〝ケチ界〟でも通じる**と思います。

ちなみに**我が家の近くにはスーパーが3軒ほどあるのですが、基本、何曜日はこのお店と決めて買い物に出かけています。**どれも同じ系列のスーパーなのですが、お店によって安いものが違ったりするんですよ。なのでその特徴を知っていくことが大事かなと。時間があったらスーパーの見回りパトロールも怠りません(笑)。

ちなみに私は仕事柄お弁当をいただくことが多くて……。楽屋にお弁当があるときは大抵、私の分と私のスタッフの分があります。そのとき**おなかがすいていたら食べますが、そうでもないときは残さず、自分の分だけは必ず持って帰るようにしています。**これ、実はいつも悩んでいるんです。手をつけずに残したら番組のスタッフさんが食べるのかな?と思うこともあるのですが、スタッフさんにはスタッフさんのお弁当が用意されているからやっぱりフードロスになってしまうんじゃないかなと。なので、「私の分として用意されたものはもらう」といつの頃からか決めていました。

ちなみに持って帰ってきたお弁当は、夜ご飯のおかずや副菜としてお皿に分けて家族で食べます。あと一品がほしいとき、意外と重宝するんですよ（笑）。ちなみに以前、〝ケチ仲間〟でもあるオードリー春日俊彰さんとお話をしていたら、独身時代の春日さんは持ち帰ったお弁当をおかずごとに小分けにして冷凍していたらしいです。その話を聞いて、「さすが！」と思いました。私はその日に食べることしか考えていなかったけれど、まさか冷凍しておくなんて。改めて、私の中で春日さんがレジェンド的存在になっていきました。やっぱり徹底しているって素晴らしいですよね。私はまだまだ修行が足りないです（笑）。

とはいっても私は食べるのが大好きなので、好きなものが食べられなくなるのは絶対イヤです。だから、ちょっとした工夫で食費が抑えられたらラッキーかなと思います。

そのためにはやっぱり情報が大事。周りの人とコミュニケーションをとっていろんな情報をゲットしたいです。

子どものお小遣いは定額ではなく「申請制」がおすすめ

子どもの頃から金銭感覚はしっかりしていたほうなのですが、それは家庭環境が関係している気がします。子どもの頃は節約家の母を見て育ったため、お金はむやみやたらに使うものではないという考えがどこかにありました。**お小遣いも決めた額をもらっていたわけでもなく、何かが欲しいときはその旨を伝えてもらうという形をとっていて。必要な分のお金をもらったら自ら領収書を書き、捺印して親に渡していました。**

子どもの頃から、家庭内で領収書のやり取りをしていたなんて人に話すと驚かれますが、私にとっては自然なこと。そしてこのやり取りをすることで、欲しいものができたとき「本当にそれが必要なのか」を考えるようになったんだと思います。

上京してアイドルの仕事を始めてからも金銭感覚が崩れることはなかったです。1

日千円しか使えない毎日を送っているときも、なんやかんやで月五千円の貯金をしていましたから（笑）。そしてやっと**お仕事をいただけるようになっても、私に染みついた〝ケチ〟感覚はブレることなく**（笑）、むやみやたらに使うことはなかったです。これはひとえに両親の教えのおかげだと思います。そうやって育ってきた私が、息子が生まれてから悩んだのはお小遣いです。私自身、定額のお小遣いをもらわずやってきたので、**息子も私と同じ申請制をとることにしました。お小遣い制だと、あるだけ使い切ってしまう習慣がついてしまうのではないか。それが浪費につながっていくのではないかという心配もあったんです。それに申請制のほうが、〝今、何を欲しがっているか〟がわかるし、コミュニケーションもとれる気がしたので。これは大正解だったと思っています。**はたから見ていると、息子は私に似て節約家。今は一人暮らしをしていますが、服も無頓着だし、バイトの賄いを食べ楽しそうに暮らしています。きっとこれも、私や家族のお金の使い方を見てきたからかなと思っています。

改めて〝ケチ〟は1日にしてならずだなと。私も周囲の人に影響されながら、少しずつ〝ケチ活〟マインドを培ってきたように、息子にもそれが伝わっていますから。これからもいろんな人と出会って、私も〝ケチ活〟ライフを楽しみたいです。

〝ケチ活〟姿を見ている家族まで　いつの間にか節約家に

今では私の〝ケチ活〟を笑いながら、ときにはあきれながら見ている夫とお義母さん。でも、元々2人とも節約家なほうだと思います。ただ結婚して気づいたのは、私ほどの〝ケチ〟ではないなと。結婚当初は、夫が消し忘れた電気がないか、誰かが換気扇がつけっぱなしにしていないかと、夜な夜な家中をパトロールしていました。

「そんなことをしていたら煙たがられない？」と聞かれますが、もしかしたら本心では煙たがっていたのかもしれませんが、私にそのような雰囲気を見せてきたことはありません。実は私、こんなに〝ケチ活〟が好きなんですが、**基本、誰かに押しつけようという思いはないんですよ。あくまでも自分の中で楽しんでいることな**ので、同じことを人に求める気持ちもないというか。

自分のルールを相手に押しつけてしまったとき、関係性が壊れてしまう気がするので私は、相手が何をしていても気にしないです。ただ電気を消し忘れていたことを放置していたことに気づかなかったことがイヤなだけで。きっと私、〝ケチ活〟に関しては、自分のことしか気になっていないのだと思います。

ただ面白いのがそんな**私の行動を見ているからか、家族がどんどん節約家になっているような気がするんですよ。お義母さんがスーパーの安売りについて教えてくれたり、夫がこまめに電気を消してくれたり……**。本当にありがたい存在です。一人暮らしをしている息子も、自炊をするなど堅実な生活を送っているようで、押しつける気持ちはなかった私としては、もしかしたら自然と圧をかけていた？なんて思ってしまいます。

よく思うのが、人は周りに影響されるんだなということです。私はみんなに何かを言うことはないけれど、家族は確実に昔より節約家になっている。家族と一緒に〝ケチ活〟をしたい人もいると思いますが、周囲を巻き込もうとするより、まずは自分1人でやってみるのもおすすめ。あなたの行動を見て、いつの間にかついてきてくれる人がいますから。人に求める〝ケチ活〟ではなく、自分が楽しい〝ケチ活〟を目指していきたいです。

すべての基本は人間関係なので惜しみなくお金を出す

一人暮らし始めたお金がなかった私を助けてくれたのは先輩方や友達です。食費を1日千円で過ごしていた私を見かねておいしいものをごちそうしてくださったり、家具をくれたりと、常に私のことを気にかけてくださっていました。

本当によくお世話になったのは、P127で述べた中山秀征さんと当時、事務所のバラエティー版の先輩であり、国立寮の先輩でもあるヒップアップの島崎俊郎さん。島崎さんは高知県出身で、同じ四国出身だからかすごくかわいがってくださいました。ヒップアップさんは、当時「オレたちひょうきん族」（81〜89年、フジテレビ系）にレギュラー出演していましたが、番組の収録の日になると私は、「今日も勉強させてください！」と決まって楽屋を訪ねていました。実は帰りに余ったお弁当を持って帰れるのが楽しみのひとつでもありました。

そして、「おなかすいているんじゃない？」と声をかけてくださったらご飯に行こうの合図。私は、「今日もおいしいもの食べられる！」と一気に心が弾んでいたのを今でも覚えています。いつも島崎さんの音楽仲間にまじってごちそうになっていましたね。そういえば、成人式に参加できなかった私に、ドーナツを買ってくれて、お祝いをしてくれたこともありました！

もちろん「食費を浮かせて生活費や貯金に回せる」という喜びがないといえばウソになりますが（笑）、それ以上に食事の場が楽しくて。芸能界についていろいろ教えてくださり、仕事についてのアドバイスなどをもたくさんしていただき……。ためになるお話もたくさんあるけれどいつも笑顔であふれている不思議な時間。気持ちもおなかもいっぱいで本当に楽しかったです。

金銭的にも精神的にもしんどかったこのときを、楽しいものにしてくださったのが先輩方の心づかい。この経験は私にとってすごく大事なものになりました。

私の度を超えた〝ケチ活〟を見た人は、「どういうものにお金をかけますか？」と尋ねることが多いです。きっと生活にここまでお金を使っていないなら、どんなものに使っているのか疑問に思っての言葉だと思います。**そんなとき私は「交際費です」と伝えています。実は、私の1カ月で使用するお金で一番かけているし、かけることに躊躇していないのはこれなんです。**

具体的に言うと、若いときに島崎さんたちがしてくれたように、後輩と時間が合えばご飯にも行きます。もちろん主婦でもあるので毎日とはいかないですが、一緒に行っておごって……。仕事仲間とご飯に行くときも、「一番年上だから払いますよ」と払っています。まぁこれはこの業界の代々続いているしきたりみたいなものでもありますが、これは引き継いでいこうと。とはいえ、私は島崎さんのように何かを教えることはできないですけれど(笑)。普通においしいものを食べて楽しく笑っています。

実は今、なぜか先輩である私が教えてもらうことも多いです。**若い子ならではの考え方があったり、それこそ〝ケチ活〟のアイデアをもらったり……。この時間がかなり有意義なんですよ。これからも大切にしていきたい時間です。**

あと、知り合いの舞台が行われていたら、時間が許せば必ず行くようにしています。それは自分のためになるのもありますが、やっぱり人が来てくれるのがうれしいことを私は知っていますから。**もちろんそのときの差し入れは盛大に。こんなところ**

をケチってもしょうがない！　「人に渡すものは喜ばれるいいものを渡したい！」。これは、見栄に見えるかもしれませんが私の信条です。

その他にも、「人とお会いしたら手土産を渡す」など人間関係にまつわるお金回りには節約しない主義ですが、それを教えてくれたのは約35年前から「高田文夫のラジオビバリー昼ズ」（ニッポン放送）でお世話になっている放送作家の高田文夫先生。先生は年間たくさんの観劇やライブに出かけていますが、いつも演者さんに差し入れをなさっています。シャレっ気たっぷりのひと言を添えて。さらに、演者さんに小さなお子さんがいるとポチ袋にお小遣いを入れてさりげなくハイと。そういった気配り、目配り、心配りが素晴らしく、その姿は本当に勉強になることばかりです。

もちろん、見返りなんて求めていないですが、誰かにいいことをしたらつながっていくと思います。過去、私がいろいろしていただいたことに感謝したように、私の行動でそう思ってくれる人がどこかにいたらすごくうれしいです。

やはり世の中は〝人間関係〟が一番。だって〝ケチ活〟をするのにも友達がいなければ情報は何も入ってこないですから。回り回って何か得なことがあるのかもしれない。そんなことを思いながら毎日を過ごしています。

第 5 章

町を見渡せば
お得と
ぶつかる

ポイントはできるだけ、ひとつのカードに集約

私がよく行く場所といえばスーパー。主婦になって家族のために食事をつくるようになってからは、欠かせない場所になっています。

我が家は行動範囲内に３つスーパーがあるので、どこで買い物するかで食費は変わっていきます。**何よりも「旬のものを安く買う！」が一番なので、チラシはくまなく見ますし、〝ケチ活〟仲間であるお義母さんが教えてくれる情報もかなり助かります。**そうやって今日のお店を決めて買い物へ。目移りしそうになりますが、「料理は『何をつくるかではなく、何をつくれるか』を重視する（Ｐ89）」で書いたように、明日、明後日を見越したレシピを考えて買い物をしていくのが私流です。

そしてお会計ですが、**私は、基本、お財布の中身は現金で五千円以下と決めています。これは昔からで、手持ちがなければ買い物にもブレーキがかかるのでちょうど**

いいんですよ。衝動買いもするタイプではありませんし（笑）、これが一番〝ケチ活〟で効果があることかもしれないです。

買い物するスーパーは3つのうちから選ぶと言いましたが、実はこれ、全部同じ系列のスーパーなんです。なのでどこでも同じポイントがためられる。これがすごく大事。ポイントはお得なことしかないですから。1ポイント1円で使えるところや、たまったらある一定額を割引してくれるなどスーパーによって特典は異なると思いますが、どれも〝ケチ活〟をしている私にとってはありがたいことばかり。絶対にポイントカードはつくったほうがいいと思います。

ちなみにこの間、**スーパーの2階の衣料品売場でワンピースを買いました。**支払いはたまったポイント！　こんなうれしいプレゼントはないですよ。これまで以上に〝ケチ活〟を頑張りたいと思いました。

そしてよく「スーパーのクレジットカードをつくらないの？」と質問されます。実は私、クレジットカードを含めた〝ポイ活〟はまだわかっていなくて……。スーパーによっては現金のほうがポイントが多くつく場合があるので、現金派で通しています。

ちなみ私は、どんな買い物も基本は現金で払っています。交通系ＩＣカードは持っていますが、これも必要な分だけ現金でチャージして使っているので、現金で払っているのと変わらず。そのような現金を選んでしまうのは、使った金額をひと目でわかって管理できるから。財布を見たら、一目瞭然ですよ。あと、お金を使ったという実感がきちんとわくのも現金のよさだと思います。クレジットカードはどうしても見えないので、使った感覚がわきづらく、満足度がえにくい気がします。

とはいえ一応、よく行くデパートでつくったクレジットカードを1枚持っています。財布の中の現金より高額な買い物のときはカードで。ポイントがたまったらそのポイントで贈答品を買ったり、たまには夫が好きな明太子を買ってプチせいたくをします。でも、基本そのデパート以外ではクレジットカードは使っていません。

ただ、クレジットカードにもポイントがあって、それをためることができるんですよね。いわゆる〝ポイ活〟。公共料金など銀行引き落としにしているものでポイントがたまるなら、こんなお得なことはないと思います。もしつくるならスーパーと同様にひとつのカードに集中してポイントはためたほうがいいみたいだし、会社によってたまるポイントや還元率が異なってくるらしいのでいろいろ調べる必要が……。クレジットカードの〝ポイ活〟についても、本腰を入れて考えていきたいです。

〝ワークマン〟の靴は安くて長持ちな神アイテム

ブランド志向ではない私がハマっているのが「ワークマン」。以前から、地方の幹線道路沿いによく見かけていましたが、〝働くおじさんのためのお店〟という印象が強く、私みたいに体の小さい女性用は置いていないだろうとお店に入ることはありませんでした。ただ数年前、情報番組を見ていると、**〝ワークマン女子〟という言葉とともに、「驚くほどリーズナブルでコスパがいいものがそろっています」と紹介されていて、「これは私を誘っているのかも?」**と、**足を運ぶことにしました。**

店内に入ったら、どうも私が想像していた〝働くおじさんのためのお店〟とはまた違い、レディースものも充実。それも**かなりリーズナブルで「天国がここにある」と思うほど**（笑）。とはいえ私の財布のひもは固いですから、どのようなものがあるのか、店内をくまなく見て回りました。

そんな私の目に飛び込んできたのが、**何の変哲もない黒い靴。靴ひもや金具がついていないスリッポンで、〝滑りにくい〟と紹介文がありました。靴の脱ぎ履きが多い私にぴったりだし、軽くて程よいフィット感がある感じ。飽きのこなさそうなシンプルなデザインでスカートとパンツのどちらにも合いそう。そして何より2千円もいかないというところにひかれ、買ってみることにしました。**

それからというもの、**私の足元はオールシーズンワークマン。**あまりにもこの靴がいいから周りの人に紹介すると、**どうも滑りやすい厨房で働く人のために開発された靴で、妊婦さんの間でも滑らないと大人気と教えてもらいました。本当にその通りで。実際に雨の日に履いてもマンホールの上でも滑らない。〝神アイテム〟ですよ。**

あまりにも履きすぎて、底が斜めになり中の綿が出てくるくらいボロボロに。それでもまだ履ける（笑）。それくらい頑丈なんですよ。ただ、あるときロケで小麦粉の中に突っ込んだら真っ白になり、さすがに2代目をお迎えしましたが、でも、もう他の靴にいくことはないのかも。この靴を超えるものに出合えると思えないです。

ちなみに靴の買い替えタイミングって難しくないですか？　私の基準は、底がパカパカと分離しはじめ、雨などで中がぐしゃぐしゃになってきて履きづらくなったら捨てるのですが、どうも家族はもっと前に捨てるタイミングがあると思っているらしいんですよ。以前も、ちょっと底が分離してきたかな？くらいの靴を日常的に履いていたら、ある朝起きたらない！　「昨日、玄関で脱いだよね？」と思って探してみたら、何とゴミ箱に入っていて……。もうびっくりですよ。あわてて家族に話を聞いたら、夫がどうも見かねて、本人だと捨てられないだろうと考えて私が寝ている間に捨てたらしく。**「気持ちはありがたいけどまだ履ける！」とゴミ箱からこっそり拾って、しばらく履き続けましたね。私の基準ではまだ大丈夫なんで。**まぁそれを見て、家族はなんとも言えない顔をしていましたけれど（笑）。

実はこういうことは我が家では頻繁に行われていて、穴があいたTシャツも、まだ着られると思い着ていたら、いつの間にか家族が捨てていたり。とはいえ、家族も結構待つようにはなってくれたんですよ。結婚当初は、もっと着つぶす前に「これはもう捨てたらどう？」と言われていましたから。でもまだ私の領域にはきていない（笑）。このいたちごっこはまだまだ続きそうです。

買い物をしたら
レシートで爪を磨いてピカピカに

化粧品は高いと思うことが多いです。もちろん、それだけの効果はあるんでしょうが、ここまで高いのか……と思ってしまうことも。もちろん私もメイクをしないでテレビに出ることなんてできないですから買っちゃうんですけどね（笑）。

化粧品を購入したときにうれしいのは、試供品がついてくること。できるだけ多くの試供品がもらえる店で買うようにしています。試供品は大体、小袋に1回分の量が入っていますが、実際に使うと1回分にしては多いんですよ。**もったいないから絞り取るようにして中身を出すと、3回分くらいはある。**それに気づいてからは、1袋で3回に分けて使っています。やっぱり試供品でも最後まで使い切りたいですから。

基礎化粧品は地方ロケでホテルに泊まったときに用意されているアメニティが大活

躍。化粧水や乳液、メイク落としといった基礎化粧品をひと通りそろえてくれているホテルも多いですよ。そしてこれも中身がいっぱい入っていて、絶対に1回分ではない！　ラッキーと思いながら大切に使っています。

美容系の〝ケチ活〟で私が推しているのは、**〝レシート爪磨き〟**。**レシートの、文字が印刷されている面で爪をこすると、感熱紙の凹凸がヤスリのようになり爪を磨いてくれてピカピカに**なります。原理としては「新聞紙は多種多様な使い方ができる強力なアイテム（P109）」で紹介した、窓拭きの際の新聞紙と同じです。

これを「ゴゴスマ～GOGO！Smile！～」（CBCテレビ系）に出演した際に話したのですが、出演者のみなさんに驚かれました。爪やすりを買うとそれなりにしますが、レシートなんて基本、捨てるものですよね。街にあふれているものも、アイデア次第で便利グッズに早変わりするんです。私はネイルサロンいらずです（笑）。

人によっては、お肌が弱くて、「このメーカーのこの商品でないとダメ」みたいなことがありますが、私は皆無。私の場合、どのメーカーでも対応可能な肌になっていますから（笑）。強い体に生んでくれた両親に感謝です。

チラシで一目ぼれした洗面桶は30年使っても現役

今でこそ、食べるものによって食器を使い分けたりしますが、私が一人暮らしを始めたときの食器はラーメン鉢ひとつでした。これは、国立にあった事務所の寮から巣立っていくアイドルたちに「一人暮らし、頑張りなさい」とラーメン鉢を贈呈する儀式があり、そのときに寮母さんにいただいたもの。これが私の一人暮らしをずっと支えてくれました。

ラーメン鉢というのが、これまた使い勝手がいいんですよ。ご飯の上におかずをのせて丼としても使えますし、スープやみそ汁をたっぷり飲むときにも使える。昔はどんな料理のときもこのラーメン鉢を使って食べていました。

今でこそ当たり前のようにある１００円ショップですが、私が20代の頃はほとんど見かけませんでした。もしあの頃あったら……。絶対に食器からちょっとした生活雑貨まで買いそろえていたはずです。ちなみにその反動なのか、今、私は100円ショップが大好きで。「こんなものまで100円⁉」と思うような掘り出し物もたくさんあるのが楽しくてしょうがないです。

ただよく言われるのが〝安物買いの銭失い〟ということ。もちろんこの考え方も正しいと思います。「これ必要かな?」と思いながらも、「まぁ100円だからいっか」と買う人も多いですから。私の実感としても、やっぱり耐久性が低い商品もあるなと思いますが、でも、私はそれでいい気がします。

思いっきり使い倒して壊れてしまっても、また同じものを購入すればいいだけで。たとえそれを繰り返しても元は確実に取れる気がします。そして**面白いと思うのが、100円ショップの陶器類は壊れにくいということ。きっと厚さがあるので、ある程度の耐久性がある気がします。**

私、**価格と頑丈さは関係しないといつも思っているんです**。そう思った理由は、我が家の洗面桶。実はこれ、20代の頃にディスカウントストアで買ったものなんです。当時、初めてお風呂とトイレが別々のところに住めるようになって、お風呂が使える！となって、どうしても洗面桶が欲しかったんです。ただ、そんなにお金に余裕がなくどうしようかと思っていたら、何かの拍子で手に入った埼玉県浦和市（現さいたま市）のディスカウントショップのチラシに200円未満で売られていた洗面桶を見つけたんです。今考えたら交通費のほうが圧倒的に高いですが、「見つけたからには買いたい！」という思いが強く、電車に乗って買いに行ってしまいました（笑）。

そうやって手に入った洗面桶ですが、それから30年以上、今でも毎日のように使っている現役です。もちろん湯あかがついて汚れたりはしますが、くしゃくしゃに丸めたアルミホイルで磨けばすぐに落ちるので、普通にきれいだし、全く壊れないし、キズもつかないから買い替える要素が見つからないんですよ。こんなの元を取るなんて次元ではない。愛着もわいていて今では欠かせないものになっています。あのとき電車に乗っていなかったら出合っていなかったらどうなっていたか……。想像もつかないです。

そう考えたら、**どこで買うとかどう手に入れたではなく、どういう思いで使っていくかが大事だと気づかされます。**買うときに見定めるのはなかなか難しいですが、買ったら愛着を持って使い続ければ、それがいつかお得につながっていくと思います。

タダでもらったおしぼりは洗って干して繰り返し使う

芸能人のカバンをチェックすると新幹線のおしぼりが出てくるなんて話を聞きますが、私もお仕事でグリーン車に乗せていただくと必ず持って帰るので気持ちはわかります。**新幹線のおしぼりは分厚く、かなりしっかりしているんですよ。一度使うだけではもったいないと、洗っては干しを繰り返し、ぞうきん代わりに使っています。**

こういった**いただける消耗品は、基本はもらって家で使うことが多いです。一番メジャーなのは、コンビニでもらったりお弁当についてくるお手拭き。**手を洗える環境なら手を洗ったほうが早いのであまりお手拭きを使うことはないんですよ。捨てるのはもったいないので、ストックしてウェットティッシュとして使っています。実は私、これまで自宅用としてウェットティッシュを買ったことがないんです。全ていただいたものでまかなえています。これちょっとした自慢です(笑)。

以前はコンビニでお弁当などを買うと必ず入っていたプラスティックのスプーンやフォークも我が家には大量にストックされています。壊れるまで使っていたらいつの間にかいっぱいに。さすがにカレーなどの色がついたら捨てるようにしていますが、意外と丈夫につくられていて頼もしい存在です。

割り箸も以前よりもらう機会が減りましたが、お弁当についてきて使わなかったら持ち帰っています。家では、**最初は普通にお箸としてとり分けなどに使いますが、一度使ったら洗って干して、今度は掃除をするときに使います。掃除で使ったらさすがに捨てますが、2度使ったので、心置きなく捨てられて気持ちがいいです。**

こういった**自分では買わないけれどあると便利な消耗品の究極にいるのが輪ゴムです。お弁当や書類をまとめていて意外と暮らしの中で見かけることが多く、ゴミになりそうなときは必ず持ち帰ってストックしています。**あとはクリップなども同じ。かゆいところに手が届く活躍をしてくれるというか、意外と必要なときがあって役立ってくれます。

改めて考えると、日常にある便利なものは意外ともらいものが多いです。

保温効果がある小豆を使うとエコなカイロが完成

日々、〝ケチ活〟のアイデアを探しているのですが、先日、知り合いが「レストランで出されたパンが、温められた小豆にのってきた」と話しており、それはどういう意味なのか聞いてみると、**小豆は温めることで天然の蒸気が発生し保温効果があるとのこと**。ご存じの方もいるかもしれませんが、私は初めて聞いたことでした。

そこから「小豆の力を何かで使えないか？」と考えていたら、ドラッグストアにあったのが、小豆を使ったホットマスク。これはすごいと思いました！　天然の蒸気だから熱くなりすぎず体にやさしい。最高の商品ですよ。

でもそこでわいてきたのが私の〝ケチ心〟(笑)。これって自分でつくれないかな？と。**電子レンジで温めるので、溶けてしまう化学繊維素材ではなく綿を使い、袋を閉じるのも接着剤ではなく糸がいいなと……。そうやってできたのが〝小豆カイロ〟。**

電子レンジで1分ほど温めるだけで20分くらい温かさが持続します。もちろん市販のカイロに比べれば持続時間も短いし温かさもそこまでではないですが、私には十分。そして何よりもうれしいのが200回くらいまでは繰り返し使えるらしい（まだそこまで使い込んでいないので実際の数字はわからないのですが……）。これは素晴らしいですよ。体にもよさそうだしエコだし。今後広めていきたいと思っています。

使わなかった小豆は煮て小豆茶をつくったり、煮た小豆はご飯に入れたり煮物にしたり……。小豆の活用法は無限。ちなみに小豆茶は、煎った小豆を煮出すだけでできるほのかな小豆の味がするお茶。ノンカフェインなうえ、むくみ解消にも向いているようです。小豆にそんな効能があったなんて……。本当に面白いです。

ちなみに天然のカイロといえば、私がよくしているのが鷹の爪を靴の中に入れること。カプサイシン効果で足先からほんのり温かくなります。あと出来立て熱々のゆで卵をポケットに入れておくと、カイロ代わりになるなんて話も聞きました。寒い冬の通勤、通学にいいですね。

こう考えたら意外と私たちがまだ知らない力を持つ天然素材はたくさんあるのかも。街を見渡して〝ケチ活〟のヒントをもらいたいです。

洋菓子の詰め合わせが入っていた小さい布袋にも、小豆を入れて"小豆カイロ"にしています。見た目もかわいいし何かに使えないかなととってあった、この袋がサイズ的にもちょうどいいんです。

太陽光で温めたぬるま湯は掃除に最適

我が家の玄関には黒いガムテープを巻きつけた2Lのペットボトルが数本、常に置いてあります。訪れた人からよく「これ何?」と聞かれるのですが、**中身はふつうの水道水。日当たりのいいところに置いただけで、晴れている日だと、大抵半日もあれば日光の力によってぬるま湯になる。**これがすごく便利なんです。

基本、**掃除に使うのですが、靴を洗ったり、玄関を掃除したり、車を洗ったり**と、本当にちょっとしたときに使えるんです。そしてペットボトルだから持ち運べて、ホースが届かないところも流せるのでとても重宝します。

まぁそれくらいなら掃除をするときに蛇口からお湯を出して使ったらいいと思う方も多いと思いますが、私は掃除にお湯を使うことにちょっと抵抗があって。給湯器にもスイッチを入れるわけでどうしても〝もったいない〟と思ってしまうんですよ。でもこのペットボトルの水だと、**自然の力で温まった水なので電気代もかからない**。そう考えたら心置きなく使えるから不思議です。ちなみに3日ごとに中身は交換しているのですが、掃除で使わないときは家庭菜園の水やりに使ったりとムダにならないのも魅力的です。

ちなみに最初にこれを思いついたのは今から10年くらい前の息子が小学生の頃。虫眼鏡で日光を集めて温めると温かくなるうえ、ひどいときは燃えてしまう……という、理科の勉強をしているのを見たとき、「これは使える!」と思いました。すごく当たり前のことで、昔から知っていたことなんですが、大人になってからは忘れていたんですよ。

真冬、冷たい水での洗車やぞうきんがけ、息子の靴を洗っているときにもつらいと感じていたのに、このことに行き着いていなかった。解決するヒントを小学生の頃にすでにもらっていたのに、これまでずっとスルーしていたんです。

意外と私たちはアイデアのヒントはたくさん持っていたり、出合ったりしているんだと思います。でもそれに気づいていないことのほうが多くて。**たくさんある情報の中からヒントを見逃さないでキャッチする**。そんな〝ケチ活〟センサーを常に持っていたいです。

「伊東家の食卓」に教えてもらった歯磨き粉の出し方

〝節約術〟〝お得〟という言葉が入っているとテレビ番組も雑誌もついつい見てしまう私ですが、いまだに忘れられないのが１９９０年代後半から10年ほど放送されていたバラエティ番組が「伊東家の食卓」（日本テレビ系）。日常で使える〝裏ワザ〟を毎週紹介していたのですが、それが本当に役に立つんですよ。番組が終わってから15年くらい経ちますが、そのときに得た裏ワザを今も使っています。

とくに印象的だったのがチューブ式の歯磨き粉の最後の絞り取り方。私は、これでもかとお尻のほうからギューーッと絞り取って満足していたのですが、番組を見ていたら、私が知らない方法を紹介していました。**口の部分から勢いよく空気を入れて膨らませてからふたをしめて、お尻のほうを持って数回強く振るといいと言うんですよ。**

はじめは半信半疑でやってみたのですが、空気とともに1回分出て。これには驚きました。もうこれ以上はないと思っていたのに1回分もあるなんて。もうそれ以降、「伊東家の食卓」で紹介されたものは、一度は試してみようと思うようになりました。

これはきっとチューブ式のものだと何でも効く裏ワザだと思いますが、いかんせん空気を入れるときに口をつけるので口に入れるものではないとできないのが残念。とくに化粧品に生かしてみたいのに……といつも思ってしまいます。でもできないので、**チューブ式の化粧品は口の部分をカットして、綿棒を使ってこそいで使い切っています。**やはり最後まで使いたいですから。そして気づくのが、意外とたっぷり残っていること。簡単に中身が全部出るようになる、技術の進化に期待しています。

テレビなど紹介されるテクニックを見て驚くこともまだまだ多いんですよね。新しい情報をもらえるのはありがたいですし、本当に頼りになります。

ただ、**そこで得た情報をうのみにするのも少し違う気がして……。まずは一度やってみて、自分がそれをやって楽しいのかを基準に自分のストックに入れていく**のがいいと思います。いろいろ情報をもらえるテレビは本当に楽しいし、勉強になります。

人生最大の買い物〝家〟は スーパーの多さが決め手

大きな買い物をしたことがない私が、人生でした一番大きな買い物は〝家〟。デビューから鳴かず飛ばずだった私が、やっと忙しくなり、両親を東京に呼んだのは27歳のとき。最初は賃貸マンションに住んでいたのですが、ペット禁止なことをきちんと把握せずにワンちゃんを飼っていて、大家さんに「引っ越しをしていただくか、ワンちゃんを手放していただくか」と言われてしまい引っ越すことに。ちょうど30歳の頃で、両親と家族会議の末、どうせ引っ越すならと思い切って建売住宅を購入することを決めました。

最初はどのエリアで購入するか悩みました。国立の寮を出て一人暮らしをスタートさせたとき、知り合いの先輩が住んでいるエリアに引っ越したのですが、実は私、それ以降ほとんどその地域から出ていないんです。住めば都という言葉もありますが、物価も安いし、住環境がとても恵まれていて、引っ越す必要がないとずっと思っていました。実は一時期だけ、憧れから目黒区の芸能人がよく住むエリアに引っ越しをしてみましたが、どうも私の性に合わず。すぐに戻ってきました（笑）。

私自身、冒険があまり好きではないんです。好奇心は旺盛なほうなのですが、それはあくまでも地に足がついている状態だからできることで。住むにも、知り尽くしている場所と知らない場所なら、知り尽くしているほうがいいなと思いました。とくに戸建てを購入するなら、賃貸のときのようになじめなかったからやっぱり引っ越すなんてこともできないので、きちんと考えたほうがいい。となるとやっぱりこの住み慣れたエリアから出ることはできないなと場所を決めました。

そこで見つけたのが、**今も住んでいる家なのですが、ここに決めた理由のひとつに、徒歩圏内に複数のスーパーがあることでした。**徒歩はもちろん、自転車で行くことも視野に入れつつ考えて……。これは多ければ多いほどいいなと。実際、歩いて行けるスーパーが2軒、自転車を含めたらかなりの数のスーパーが近くにあります。ま

た八百屋さんなど地元密着型の店舗が多数あって賑やか。これってすごく大事なんですよ。ライバルが多いのでみなさんが競い合ってくれて、価格が安くなり、品質は向上する。〝ケチ活〟をしている私にとってはものすごくありがたいことです。

結婚を機に夫の実家に引っ越しましたが、父ががんを患い他界し、母が一人暮らしになったので、息子が幼稚園入園を機に再び戻ってきたんです。戻ったときは改めて住みやすいなって思いました。わざわざ何かをしに電車に乗らなくても近所でことが足りるし、都内どこに行くのも便利。購入から27年経ちましたが、街は活気があって、スーパーも増えてより住みやすくなっています。

購入資金は、頭金は父が手元に残していた退職金から出し、私を含めて共同ローンを組みました。今までローンというものを経験していなかった私は、〝借金〟という何か重いものを持っている気がして……。常に「早く返したい」という気持ちでいっぱいでした。

そんな気持ちをくんでか、ローンを組んでから、私を含め両親も〝ケチ活〟に磨きがかかっていきました。当時、私の給料は両親が管理をしていましたから、両親も、娘の仕事は浮き沈みのある仕事と理解していたのだと思います。だからぜいたくはしませんでした。私自身も、振り返ればその頃は仕事が全盛期でしたが、生活水準を上げることなく、身の丈に合った暮らしをし、生活費以外すべて返済に回していました。

そうやってコツコツとローンを繰り越し返済し、最初は30年ローンだったところ10年以内で返済。かなり巻いた結果になりました。これもすべて〝ケチ活〟の積み重ねだと思います。

ただ同時に誰も住んでいない香川県の実家の維持費がかかっていて……。これはかなり大変でした。最終的に〝実家じまい〟ができたのは数年前。25年間空き家だった家に維持費として1千万円以上を使っていたのはなんとも言えません。今考えると、もっと早く両親を含めて相談しておけばよかったなと思います。まぁこれも勉強代。

持ち家を持つ喜びはありますが、ローンや維持する大変さはついてきます。購入する際は、買ったあとのことも考えて吟味に吟味を重ねるのがいいと思います。

お金を使わない山登りをしていたら事業が思い浮かんだ！

息子が大学生になり一人暮らしを始めるようになってから、これまで息子中心だった生活に変化がでてきて、自分の時間が持てるようになってきました。とはいえ、私はバタバタしているのが好きですし、お金を使うのはイヤ。どうやって空いた時間を過ごそう……と思っていました。それで始めた趣味が山登りでした。

2019年ごろから都内近郊の低山を登り始めたのですが、いい運動になるし、気分転換に最適ですぐにハマってしまいました。一応、山登りの服や靴などはそろえましたが、お昼ご飯も自宅で握ったおむすびを持っていくだけで、**お金がほとんどかからない。〝ケチ〟な私にぴったりな趣味でした。**

コロナ禍になり、密を避けながらも山登りを続けました。ただ東京近郊の山はある程度登っていたので、ハイキングに近かった山登りから少しステップアップして北アルプスの唐松岳に行ったりして。ただ、こうなると少しお金がかかる趣味になっていきます。朝早くから登らないと行けないのでビジネスホテルに前泊したり、装備もそれなりにいりますし、交通費も……。でも、いつもの生活をしていたら決して見られない景色を楽しめるうえ達成感もあって、もうやめられなくなっていました。まぁ同じ運動する趣味として、ジムに通っていると考えたら私には合っているし、コスパはいいかなと。

ただ、やっぱり私の〝ケチ〟な部分はうずくんですよ。もう少しお金をかけずにできないかな?と。そこで、どこにどれだけお金がかかったのか考えるようにしました。たとえば唐松岳に行ったときは、最寄り駅まで新幹線で行き、ホテルに前泊。朝5時から登りたいけれどバスが出ていないので登山口まで行くレンタカーを借りる。山で食べるご飯などはおにぎりなので大したことはないですが、交通費と宿泊費がバカにならないんですよ。

交通費と宿泊費を同時に抑えるにはどうしたらいいのか……。そんなときに思い浮かんだのが、「寝られる車があればいい」というアイデア。キャンピングカーみたいな大きいものではなく、もっと気軽に1人もしくは2人くらいで使う軽自動車のキャンピングカーがあれば、それに乗って山まで行き、登山して、それに乗って帰ってこられる。めちゃくちゃ便利だと思いました。

そこから探してみたのですが、そんなレンタカーはどこにもないんですよ。最近はソロキャンプもはやっているし、絶対ウケるのでは……。そんなことを考えていたら、コロナ禍で仕事も次々とキャンセルになり、芸能以外の仕事もあったほうがいいかも……という考えから、**軽キャンピングカーのレンタル業をやってみよう！**と事業を立ち上げました。

ビジネスモデルとしてはまだまだ未知数ですし、まだ赤字なのですが、やっていて楽しいって思います。自分の趣味が仕事につながっていくわけですから。最近は、海外の方からも車を借りたいという連絡がきたりします。そんなときは、翻訳機であるＰＯＣＫＥＴＡＬＫを駆使していろいろ説明し、最後に「私はジャパニーズＴＶタレントよ」なんて言ったりして会話も楽しんでいます。なんか世界が広がった気がして毎日が楽しいです。まぁこれでお金が生まれてくれたらなお良しですが(笑)。

〝ケチ活〟を極めるとお金も生んで、楽しさも得られて、生活が充実してもう最高！だから〝ケチ活〟はやめられないですね。

最初の頃は、膝もガクガクしていましたが慣れてきたら、楽しくなってすっかりハマっています。素晴らしい景色をタダで味わえるなんて、最高ですよ。

エピローグ

節約という言葉を辞書で引くと、「ムダを省いて切り詰めること」と出てきます。私はこれを見て、どこか余裕がなく、楽しいことがない感じがしていつも不思議に思っていました。

私にとって節約とは、「もったいないを追求し、使い切ることを考えて、その結果、お得になること」です。そして「使い切ることを考える」ときにアイデアをプラスしていく……。単なる「切り詰める」だけではなく、「何か工夫」をしていく。

それが私の〝節約〟＝〝ケチ活〟なんです。

「お得になること」にはもちろん金銭的なものが大いにあります。これはわかりやすいバロメーターです。ちょっとした工夫で1円でもお得になるなんて……。そんなことがあれば、どんな人でも笑顔になってしまいます。

それと同時に、節約でプラスの感情を得られるお得感もあると思います。これまでゴミになっていたものに〝第2の使い方〟を見つけてうれしくなる、自然の恵みに感謝する……など、新たな発見により日常が変化していく楽しさがあるというか。こんなプラスの感情をもらえるなんてお得しかありません。

この2つのお得が詰まっているのが私にとっての節約であり、〝ケチ活〟。改めて考えると、楽しいことしか詰まっていないです。

以前、「節約ばかりの生活、よく続けられるね」と言われたことがあるのですが、私は、その意味がすぐには理解できませんでした。だって私にとって節約は楽しいことで、楽しいことを続けられるのは当たり前のことですから。

そこで思ったのが、一般的に考える節約とは、やはり「ムリするもの」というイメージがあるんだなということです。先ほどの「切り詰める」ではないですが、自分の本当の意志とは違ってもムダを省いていく。気持ちよりも節約することのほうが大事になっていく。それが一般的な節約なのかなと思います。

でも私の〝ケチ活〟は違います。

私は、〝ケチ活〟をするときにムリなことはしないと決めています。多少、お得になることがあっても、私的に楽しくなかったり、体を壊してしまうなら、絶対にやらない。だって、楽しさがついてこないと意味がないですから。

私はこれまで〝ケチ活〟という名の節約術を披露してきましたが、どれも楽しみとともにあるものです。あくまでも自分らしく、自分が楽しいと思う、自分が納得いくことをするのが〝ケチ活〟なんだと思います。

1日でどれだけ〝ケチ活〟をしているかと考えるとキリがないくらい、私は毎日、小さな〝ケチ活〟をたくさんしています。〝ケチ活〟をすることでもらえる喜びをコツコツ積み重ねるのは、充実感にも似たような感覚をもらえます。

またそれだけではなく、新たな〝ケチ活〟も生み出すよう、日々「これは何に使えるか？」を考えています。そんな毎日は、ゲームを攻略するような感覚にちょっと似ています。「明日は何か変わるかもしれない」「もっといい使い道があるかもしれない」。そう考えて発見したときの喜びは半端ない。何ものにも代えがたい感情です。

ムリがないから続けられて、ハッピーになる。

〝ケチ活〟とは生活を彩るものだと思っています。

そうやって日々の〝ケチ活〟によって得られたお金をどう使うのかも大事。

家族のために貯金するのもいいですし、たまにはパーッと豪華に外食に行ってもいいですし、夕食に一品プラスしてもいい……。使い方は人それぞれだと思います。楽しみをもらいながらお金がたまる、こんなうれしいことはないですよ。たまっていくお金は〝ケチ活〟のご褒美なんだと思います。

どうしても節約というと1人でやっているイメージですが、私は〝ケチ活〟仲間を見つけるのが続けられるコツだと思っています。これまで見ていただいた私の〝ケチ活〟もいろんな人に教えてもらったり、支えられていましたから。いろんな人と情報を交換したり、自分が発見したことを共有したり、ときには自慢したり(笑)。仲間がいるといろんなことが広がっていきます。

この本をきっかけに、みなさんと〝ケチ活〟仲間になれたんじゃないかなと思っています。この本を最後まで読んでくださった時点で、きっと同志ですから(笑)。

一緒に〝ケチ活〟ライフを楽しみましょう!

おわりに

最後までお読みいただき、ありがとうございました。

今では当たり前のようになっている私の〝ケチ活〟ですが、この本を書くにあたり、「なんで始めたのだろう？」などと考えてみました。すると、始めた当時の気持ちや工夫、悩んだことなどが思い出されて、懐かしい気持ちになりました。そして改めて感じたのは「〝ケチ活〟は本当に楽しい」ということです。

ケチ活には、もちろん金銭面で節約できる喜びもありますが、それ以上に「これはどうなるんだろう？」というワクワク感や「こんなことができた！」という満足度など、〝お得〟な気持ちがたくさんついてきます。そして、掃除が楽になったり、機能的になったり、料理が一品増えたり、そのうえ地球にやさしいことができたり！

〝ケチ活〟は、〝楽しく生きる知恵〟なんだと思います。そして、こんなふうに〝ケチ活〟を楽しめるのは、やっぱり幸せな毎日があってこそ。だから、これからも自分を大切に丁寧に過ごしていきたい。そんなことも改めて思いました。

私の好きな言葉に「足るを知る」があります。「足る」とは十分に満たされていることを意味し「自分が置かれている現状に満足し、目の前のものや周りへ感謝する」といった心の豊かさを表した言葉です。物足りなさを感じ必要以上に求めるのではく、今あるものに感謝する……。このことこそがケチ活の原点で、ケチ道を愛する人にふさわしい言葉だと思いました。

今回は私が実践している大小の節約術を掲載しましたが、これがみなさんの〝ケチ活〟ライフの何かの助けになれば、そして、これをヒントに新しいオリジナルの〝ケチ活〟を生み出してくだされればと思います。〝ケチ活〟をすることでみなさんの生活が潤えば、こんなにうれしいことはないです。ぜひ、気になった〝ケチ活〟を試してみてください。また発見した〝ケチ活〟を教えてください。そしていつか、みなさんと〝ケチ活〟についてお話ができる場があればいいなと思っています。

最後に、アスコムの池田剛さん、編集協力をしてくれた玉置晴子さん、柿沼曜子さん。幾度となく〝ケチ活〟話を聞いてくださり本当にありがとうございました。私にとって新しい発見もあり、とても充実した楽しい時間でした。その他、この本に関わってくださった方々、私の〝ケチ活〟を支えてくれる家族、情報交換をして一緒に楽しんでくれる〝ケチ活〟仲間のみなさん、そして読者のみなさん、本当にありがとうございました。

みなさんにとって楽しい〝ケチ活〟ができますように。

松本明子

この道40年
あるもので工夫する松本流ケチ道生活

発行日　2023年 7 月26日　第 1 刷

著者　松本明子

本書プロジェクトチーム

編集統括	柿内尚文
編集担当	池田剛
編集協力	柿沼曜子、玉置晴子
企画協力	株式会社ワタナベエンターテインメント
デザイン	岩永香穂（MOAI）
写真	篭原和也
ヘアメイク	岩間貴伸（Veltet on the beach）
スタイリスト	中井芽依
校正	中山祐子
DTP	白石知美・安田浩也（株式会社システムタンク）
営業統括	丸山敏生
営業推進	増尾友裕、綱脇愛、桐山敦子、相澤いづみ、寺内未来子
販売促進	池田孝一郎、石井耕平、熊切絵理、菊山清佳、山口瑞穂、吉村寿美子、矢橋寛子、遠藤真知子、森田真紀、氏家和佳子
プロモーション	山田美恵、山口朋枝
講演・マネジメント事業	斎藤和佳、志水公美
編集	小林英史、栗田亘、村上芳子、大住兼正、菊地貴広、山田吉之、大西志帆、福田麻衣
メディア開発	中山景、中村悟志、長野太介、入江翔子
管理部	早坂裕子、生越こずえ、本間美咲、金井昭彦
マネジメント	坂下毅
発行人	高橋克佳

発行所　株式会社アスコム

〒105-0003
東京都港区西新橋2-23-1　3東洋海事ビル
編集局　TEL：03-5425-6627
営業局　TEL：03-5425-6626　FAX：03-5425-6770

印刷・製本　株式会社光邦

Printed in Japan ISBN 978-4-7762-1290-4

ケチ活は夢と希望(笑)
ゴミも減るし、
地球にやさしい
活動です

もう、これがないと不安！
出がらしは
我が家の必需品です

飲み終えた
ティーパックは
常にストック!

油汚れが簡単に
落ちるから
洗剤の節約に!

着なくなったセーターやニットは、ほどいて再利用。アクリルたわしも手づくり

履かなくなった
ジーンズも
次の使い方が
あるんですよ！
NIRVANA

何か利用できないかを
考えるのが楽しいです

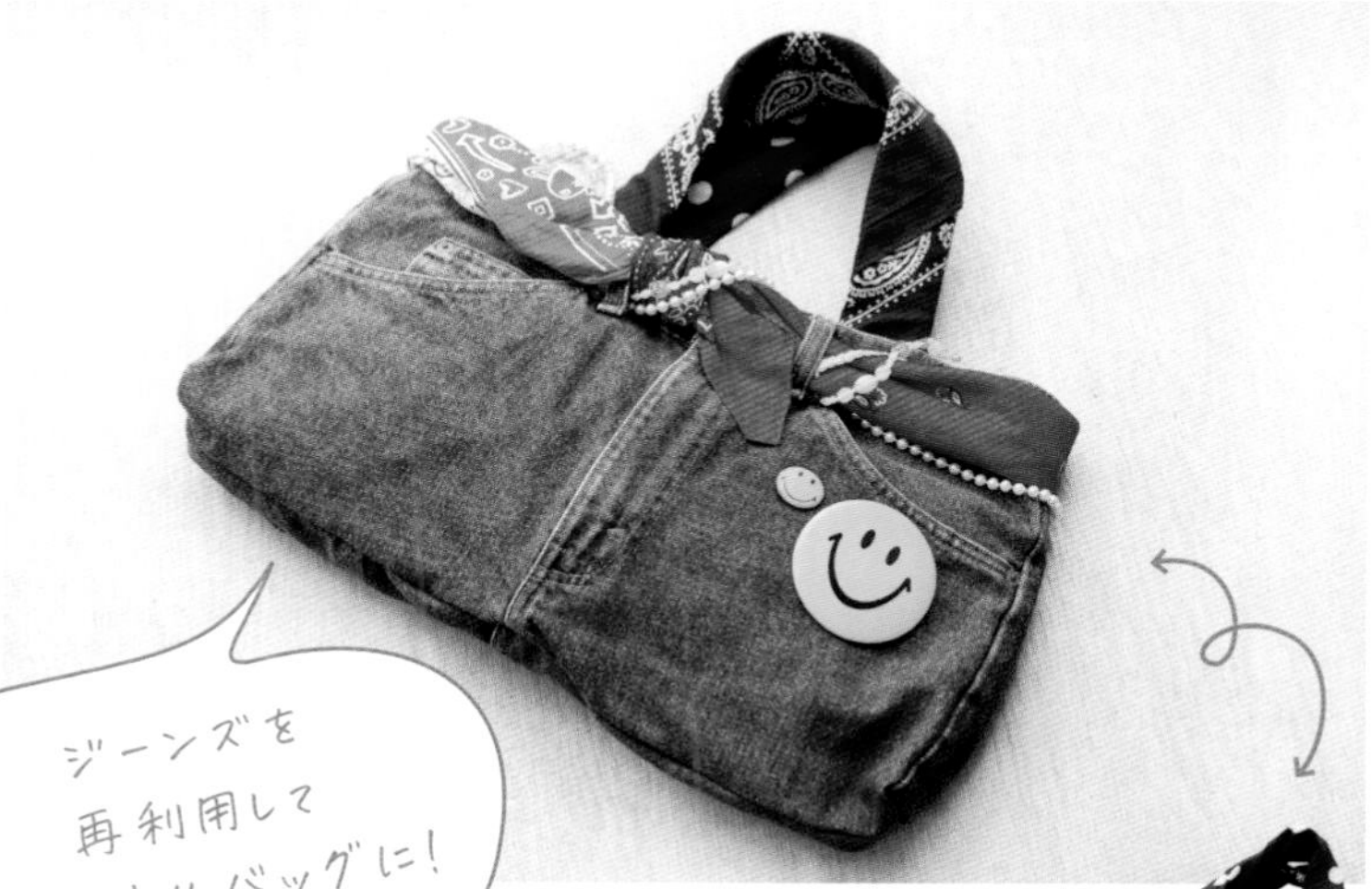
オリジナルバッグに!

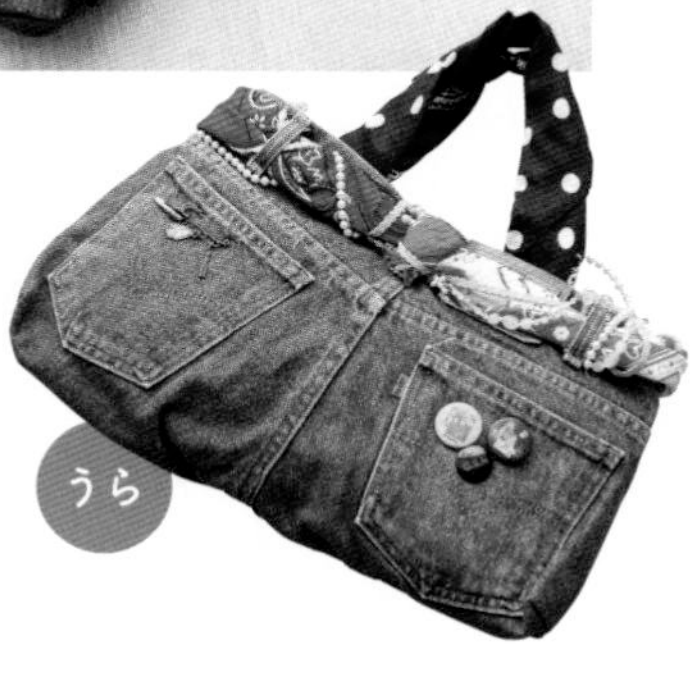

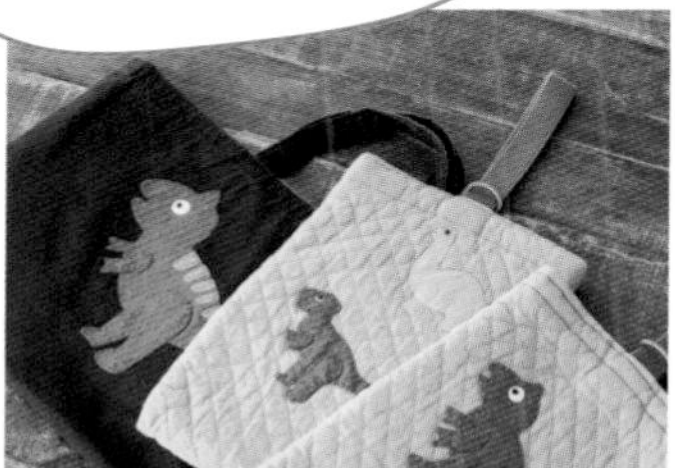

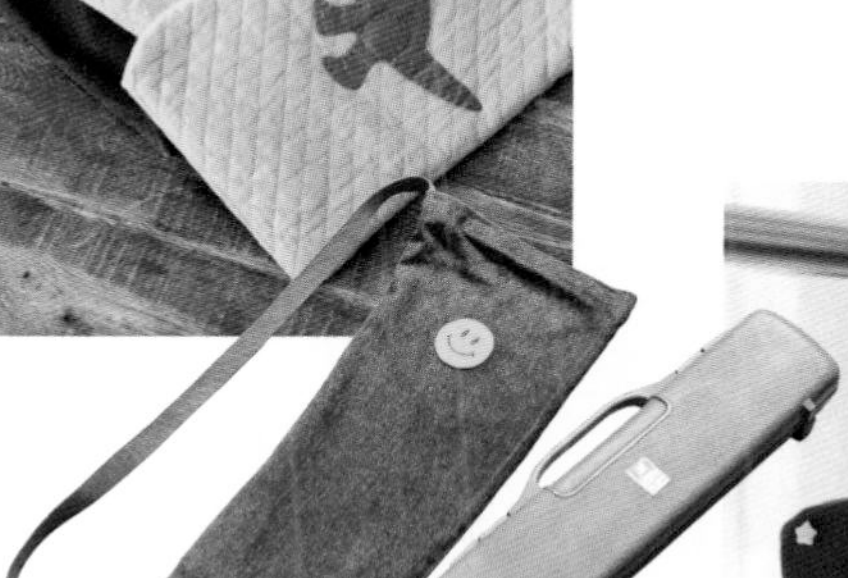

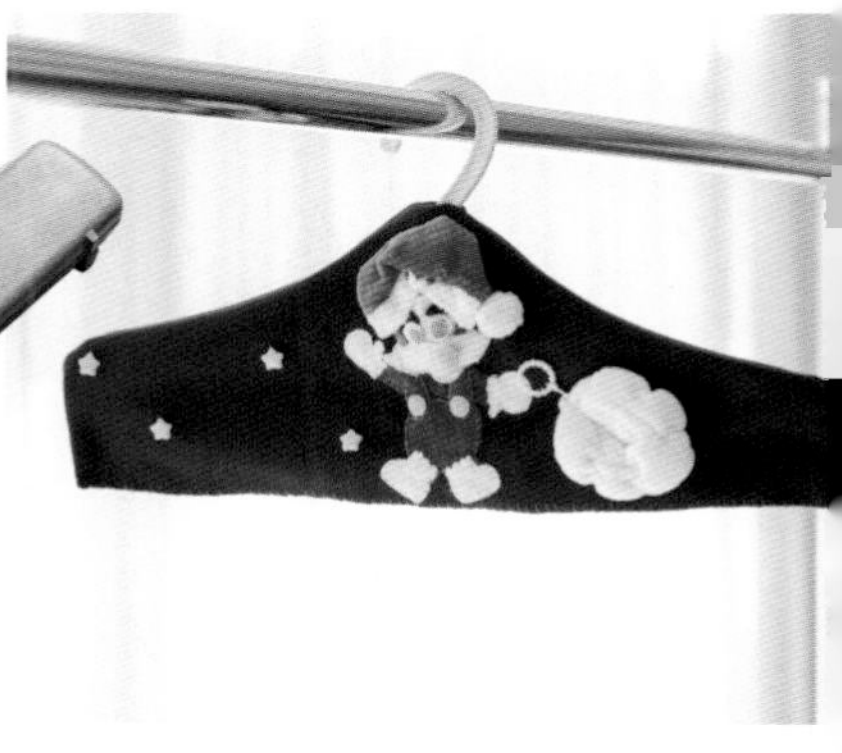

履かなくなったジーンズなども利
用して、バッグなどをハンドメイド

ぜーんぶ2千円台！
スーパーの
衣料品売り場大好き